ELKE WISS

# Geschichten, die das Denken herausfordern

Elke Wiss, geboren 1986 in den Niederlanden, ist Theatermacherin und praktische Philosophin. Sie schreibt und leitet Performances und gibt Schulungen und Workshops in praktischer Philosophie und der Kunst, Fragen zu stellen. Elke Wiss führt als Coach sokratische Diskussionen innerhalb von Organisationen durch und gibt individuelle philosophische Konsultationen. Ihr Buch *Sokrates in Sneakern* wurde in den Niederlanden zu einem Bestseller.

Elke Wiss

# GESCHICHTEN, DIE DAS DENKEN HERAUSFORDERN

## Eine praktische Anleitung zum Philosophieren

Aus dem Niederländischen von Bärbel Jänicke

Kösel

Aus Gründen der leichteren Lesbarkeit konnte eine gendergerechte Schreibweise nicht durchgängig eingehalten werden. Bei der Verwendung entsprechender geschlechtsspezifischer Begriffe sind im Sinne der Gleichbehandlung jedoch ausdrücklich alle Geschlechter angesprochen.

 Kapiteln vorangestellte Zitate können als Destillat des jeweils nachfolgenden Kapitels gelesen werden.

FSC www.fsc.org MIX Papier aus verantwortungsvollen Quellen FSC® C014496

Klimaneutral Druckprodukt ClimatePartner.com/14044-1912-1001

Penguin Random House Verlagsgruppe FSC® N001967

Die Originalausgabe erschien unter dem Titel *En ze filosofeerden nog lang en gelukkig. Verhalen om je denken uit te dagen* bei Ambo | Anthos Uitgevers, Amsterdam


Umschlag: Weiss Werkstatt München
nach einem Design von Bas van Vuurde
Illustrationen: © Barbara van den Berg
Redaktion: Jennifer Wagner
Satz: Satzwerk Huber, Germering
Druck und Bindung: GGP Media GmbH, Pößneck
Printed in Germany
ISBN 978-3-466-34794-0

www.koesel.de

# INHALT



## Teil I:
## Warum (und in welcher Weise) Geschichten unser Denken herausfordern

## Teil II: Die Geschichten

# PROLOG: EINE ART VERSAMMLUNG IM WALD

## ES WAR EINMAL …
## SO ZIEMLICH JEDES MÄRCHEN

Wir machen Bekanntschaft mit den Figuren aus den Geschichten in diesem Buch. Rotkäppchen taucht plötzlich bei einem Waldspaziergang auf, Dornröschen macht ein Nickerchen, Patzer stellt eine scharfe Frage, Captain Hook wird wütend und die Autorin versucht stotternd und stammelnd zu erklären, um was für ein Buch es sich hierbei genau handelt.

Vom Sitzen auf dem Stein tut mein Hintern weh. Mir war nie bewusst, dass Steine so kalt sind, wenn man darauf sitzt. Nun ja, eigentlich hätte ich es mir doch denken können, aber ich habe wohl nie lange genug auf einem Stein gesessen, um wirklich zu spüren, wie kalt einem der Hintern dabei wird.

Die Eule Gerardus sieht mich mit stechendem Blick an.

»Wir kommen also in einem Buch vor«, beginnt sie. »Wir alle. In einem Buch. Unsere Geschichten, unsere Ideen und Gedanken. Und sie schreibt es«, sagt sie, während sie auf mich zeigt.

Ich fühle, wie meine Wangen rot werden. Ich hasse es, zu erröten. Und dadurch werden sie gleich noch roter.

Vor knapp zwanzig Minuten sah der Tag noch ganz anders aus. Es war sonnig, frühlingshaft. Ich hatte im Garten bereits die ersten Krokusse entdeckt. Ich machte einen Waldspaziergang, die Sonne schien. Ich hatte Kopfhörer auf und hörte einen Podcast über ein verschwundenes wertvolles Gemälde.

Die Hunde schnupperten an Blättern und liefen fröhlich vor mir her. Irgendwann sah ich, wie sich rechts von mir etwas bewegte. Etwas Rotes. Ein junges Mädchen trat aus dem Gebüsch hervor. Es trug einen roten Regenmantel, hatte in einer Hand einen Blumenstrauß und in der anderen einen Korb, der mit einem karierten Geschirrtuch bedeckt war. Aus diesem Korb duftete es nach frisch gebackenem Kuchen.

Nein, dachte ich bei mir. Das kann doch nicht wahr sein! Aber es war tatsächlich so. Das Mädchen stellte sich als Rotkäppchen vor und fügte murmelnd hinzu, dass ich mich nicht davon ablenken lassen solle, dass es einen Regenmantel statt des roten Käppchens trage, mit dem sie normalerweise dargestellt werde. Sie erzählte auch, dass »sie auf mich gewartet« hätten. »Wer ist sie?«, fragte ich. Es antwortete nicht. Ich schaute mich nach einer versteckten Kamera um. Die musste hier sicher irgendwo sein, dachte ich. Aber es sprang keine flotte Moderatorin in einer Glitzerjacke hervor, die »Erwischt!« rief.

Rotkäppchen schaute ungeduldig auf seine Uhr, winkte mich zu sich, murrte, dass wir »schon spät dran« seien, und ging vor mir her, quer durch den Wald. Ich folgte ihm ins Unterholz, über ein Bächlein, bückte mich unter Ästen und stolperte über Baumstämme. Es drückte mir ein Stück Kuchen in die Hand und sagte, dass ich mich ein bisschen beeilen solle.

Nachdem wir noch eine Weile gegangen waren, krochen wir durch einige Büsche und landeten schließlich auf einer Lichtung. An dieser Stelle sah ich einen Kreis aus großen Steinen. Auf jedem Stein saß jemand. Es schien eine Art Versammlung zu sein.

Jetzt sitze ich hier in diesem großen Kreis, während mich eine Eule beäugt. Im Ernst: eine Eule. Ich meine ja nur … Toby, Henry, der Wolf, der Ritter, die Prinzessin, der Fliegende Teppich, Hein, Captain Hook, Sjimmie – sie alle sind da. Ich kenne sie, weil ich sie mir selbst ausgedacht habe. Es sind die Figuren aus den Geschichten in diesem Buch. Jede von ihnen sitzt auf ihrem eigenen Stein und sie warten scheinbar darauf, was jetzt passieren wird. Hier und da wird noch ein wenig geplaudert. Sjimmie und Petrus streiten sich darüber, wer den Wettkampf nun tatsächlich gewonnen hat, die Hexen planen immer noch einen #MärchenfigurenProtest, und die Prinzessin und der Ritter bemühen sich nach Kräften, sich nicht anzuschauen. Rotkäppchen hat sich, wie ich sehe, auch auf einen Stein gesetzt. Es sitzt neben Schneewittchen. Es will in Schneewittchens Apfel beißen, überlegt es sich im letzten Moment aber anders. Ich schaue nach rechts: Die Stille hat ihren Stein ein wenig nach hinten geschoben und schweigt. Sie schaut Captain Hook an, der fuchsteufelswild eine Geschichte erzählt und mit den Armen fuchtelt. Die Eule Gerardus nimmt als Letztes auf einem Stein Platz, alle verstummen. Sie sitzt da und sieht mich mit durchdringendem Blick an.

»In ein Buch also. Da sollen wir reinkommen. Unsere Geschichten kommen in ein Buch. Sie schreibt es«, sagt sie und zeigt auf mich.

Ich schaue mich in der Runde um. Erwartungsvolle Blicke sind auf mich gerichtet. Ich habe das Gefühl, etwas erklären zu müssen.

»Warum sollen wir in einem Buch vorkommen?«, fragt der Wolf. »Das passt mir gar nicht.«

Ich schlucke. »Das, ähm … verstehe ich. Ich finde es nur sehr wertvoll, euch und eure Geschichten, ähm … in einem Buch zu haben.«

Toby hebt von seinem Stein ab und fragt: »Warum sind unsere Geschichten wertvoll? So spannend sind die Dinge, die wir machen, auch wieder nicht.«

»Eure Geschichten sind wertvoll, weil sie uns etwas lehren können. Sie können Gespräche in Gang bringen, die wir ohne sie nicht führen würden. Eure Geschichten, eure Figuren können uns einfachen, suchenden Menschen neue Ideen, Perspektiven und Metaphern bieten. Ihr bereichert unsere Sprache. Ihr inspiriert uns, die Dinge anders zu betrachten.«

Einen Moment lang bleibt es still. Sie sehen sich an. Tilly, die Taube, stößt einen leicht dramatischen Seufzer aus. Henry, der Papagei, sagt: »Eigentlich … benutzt du uns also nur.«

Ich öffne den Mund, um es besser zu erklären und mich zu verteidigen, aber dann schlucke ich meine Worte herunter. »Ja«, sage ich dann. »Ich benutze euch. Das stimmt.«

Hein räuspert sich und fragt in seinem typisch neutralen Ton: »Für wen genau ist dieses Buch gedacht? Wer wird es lesen?«

»Dieses Buch ist für alle, die sich inspirieren lassen wollen, um …«, beginne ich begeistert zu erklären.

»Das klingt langweilig, ›inspirieren‹ ist so ein Allerweltsbegriff«, schnaubt eine der Hexen.

»Du hast recht«, stammle ich. »Lass es mich anders formulieren. Dieses Buch ist für Menschen, die neugierig sind, die Lust haben, sich selbst und ihr Denken herauszufordern, sich zu dehnen und zu strecken, sich wach zu rütteln, in Verwirrung zu geraten und sich zu entwickeln. Indem man eure Geschichten liest und über die Fragen nachdenkt, die man im Anschluss an jede Geschichte findet, wird man beweglicher im Kopf.«

Dornröschen erwacht aus seinem Powernap. »Ist das Buch, das du schreibst, nicht für sehr gescheite, studierte Leute?«, fragt es.

»Nein, eben gerade nicht. Es ist einfach, verständlich, praktisch, unterhaltsam, leicht zu lesen, aber auch gehaltvoll, was den Inhalt und den Hintergrund der praktischen Philosophie angeht. Ich glaube, dass jeder, ohne es selbst zu wissen, schon ein wenig ein praktischer Philosoph ist. Ich möchte zeigen, dass es sehr schön und praktisch sein kann, gemeinsam zu denken und zu philosophieren.«

Schneewittchen nickt begeistert. Captain Hook krächzt mit seiner rauen Stimme: »Ich verstehe immer noch nicht, wie die Leute dieses Buch dann benutzen. Es sind Geschichten. Und Fragen. Und dann? Werden die Eltern ihren Kindern das Buch vorlesen oder was?«

»Das kann sein«, sage ich. »Man kann dieses Buch auf unterschiedliche Arten nutzen. Menschen können es ganz für sich alleine lesen. Sie können sich in einer Geschichte verlieren, die verschiedenen Arten von Fragen erkunden, darüber nachdenken, ihre Gedanken dazu aufschreiben. Sie können das Buch bei einem netten Abend mit Freunden zur Hand nehmen, gemeinsam eine Geschichte lesen und miteinander darüber nachdenken und philosophieren. In Unternehmen kann es ein neuartiger, erfrischender Einstieg in eine ansonsten vielleicht eher langweilige Sitzung sein. Eltern können die Geschichten ihren Kindern vorlesen und ein Gespräch über die Themen darin miteinander führen. So ergibt sich vielleicht ein anderes, überraschenderes Gespräch als auf die Frage: ›Wie war dein Tag?‹«

»Oh, das finde ich immer so nervig!«, fällt mir Rumpelstilzchen ziemlich laut ins Wort. »So ein Small Talk darüber, wie dein Tag war. ›Gut‹, sage ich dann, und dann frage ich den anderen, wie sein Tag war, und der sagt dann auch ›gut‹. Und damit ist die Sache erledigt.«

»Genau«, sage ich. »Mit diesem Buch möchte ich den Menschen das Rüstzeug geben, um andere Gespräche zu führen. Tiefere, überraschendere, anregendere und kreativere Gespräche. Und ja, das sind vielleicht Allerweltsbegriffe, aber so ist es nun einmal.«

»Gibst du den Lesern dann auch eine gewisse Hilfestellung, wie sie das tun können, mit den Geschichten philosophieren?«, fragt Sjimmie, die Schnecke. »Oder setzt du ihnen einfach unsere Geschichten vor und lässt sie das selbst herausfinden?«

»Natürlich gebe ich ihnen einiges an Hilfestellungen. Im ersten Teil des Buches geht es darum, was Philosophieren ist und was es nicht ist, wie man es im Allgemeinen und im Besonderen mit Geschichten als Ausgangspunkt tun kann, wie man mit diesem Buch arbeiten kann, mit praktischen Tipps und auch mit einer praktikablen Form von Stufenplan.«

Ich sehe die meisten Figuren nicken. Nur Captain Hook runzelt noch die Stirn und schaut mich fast wütend an. Aber vielleicht kann ich seinen Blick wegen der Augenklappe auch nicht gut einschätzen.

»Das ist doch kein Handbuch für irgendeine schwierige Methode, oder? Denn wenn ja, mache ich nicht mit. Das erlaube ich nicht. Da streike ich. Da stelle ich mich quer. Das lehne ich ab. Darauf kann ich verzichten. Da mache ich nicht mit. Da streike ich. Das habe ich schon gesagt. Auf jeden Fall …« Durch sein immer heftigeres Wedeln mit den Armen hat sich sein Haken gelöst und scheppert nun laut zu Boden. Mürrisch schraubt er ihn wieder fest.

»Nein, das ist kein Handbuch für eine bestimmte Methode. Dazu gibt es schon viele gute Bücher. Aber eine Reihe grundlegender Elemente, Tipps, Fertigkeiten und Gesprächsregeln zu kennen, kann meiner Meinung nach sehr nützlich sein, wenn man Lust hat, über die Geschichten in diesem Buch zu philosophieren.«

Die Figuren der Geschichten, die mir gegenübersitzen, scheinen etwas überzeugter zu sein. Ihre Zweifel sind offenbar immer noch nicht ganz ausgeräumt, aber das ist nicht weiter schlimm. Das Leben besteht in der Regel aus mehr Zweifeln, als wir uns eingestehen wollen, denke ich plötzlich.

»Eine Frage noch«, sagt Patzer, der die ganze Zeit über nur still zugehört hat. Er ist bisher nicht weiter aufgefallen, wenn man davon absieht, dass er sich anfangs den Zeh gestoßen und jetzt offenbar Spinat zwischen den Zähnen hat. »Wer bist du eigentlich?«

»Wie meinst du das genau?«, frage ich.

»Nun, du heißt Elke Wiss. Du bist Theatermacherin und praktische Philosophin, wie du sagst. Du hast ein Unternehmen, das ›Die Denkschmiede‹ heißt. Und du gibst Trainings und Workshops – natürlich im Theaterbereich, aber auch zum kreativen und kritischen Denken und zum Stellen scharfer Fragen. Du hast schon einmal ein Buch geschrieben – über Sokrates in Slippers oder so. Oder über Platon auf Plateausohlen, Nietzsche in Nikes, Heidegger auf High Heels. So etwas in der Art. Hast du darin nicht schon alles gesagt, was zu sagen war? Wer bist du eigentlich, dass du meinst, noch ein Buch schreiben zu müssen?«

Einen Moment lang bin ich still.

»Weißt du, das weiß ich eigentlich auch nicht. Ich habe keine Ahnung, ob ich ein bestimmtes Stück Papier, ein gewisses Maß an Erfahrung oder Wissen haben sollte, um ein Buch schreiben zu ›dürfen‹ und zu ›können‹, und dann gleich noch eins. Ich weiß nur, dass ich dieses Buch sehr gerne scheiben wollte. Dass ich es sehr schön fand, es zu schreiben. Ich habe festgestellt, dass die Menschen, denen ich in meinen Trainings oder Workshops begegne, das Philosophieren mit Geschichten ungeheuer lustig, inspirierend und überraschend finden, und dass es auch nützlich ist, Geschichten als Grundlage und Ausgangspunkt zu verwenden. Philosophieren ist nicht einfach, und es macht auch nicht unbedingt immer gleich Spaß. Mit diesem Buch wollte ich den Menschen etwas Konkretes, Einfaches, Fröhliches und Anwendbares an die Hand geben, mit dem sie zumindest einmal damit anfangen können.

Also … letztendlich glaube ich von ganzem Herzen, dass es notwendig und nützlich ist, dieses Buch.«

Das Gespräch verstummt. Sie schauen einander an. Hein steht zuerst auf.

»Ich muss los, ich muss noch Leute besuchen. Viel Erfolg mit deinem Buch. Ich denke, das wird schon klappen.«

Henry, der Papagei, schaut sich seine Federn an, sagt, er müsse sich dringend putzen, und fliegt davon.

»Hauptsache, du lässt mich ein bisschen sympathisch rüberkommen!«, ruft er noch. Nach und nach brechen alle auf. Sie verabschieden sich, lächeln oder winken mir zu.

Ich glaube nicht, dass ich sie alle überzeugt habe. Doch wenigstens sind sie überzeugt genug, um mir einen Vertrauensvorschuss zu geben. Und manchmal ist das genug.

# EINLEITUNG

## WANN MUSS MAN ETWAS ERLÄUTERN?

»Und jetzt laden wir Sie ein, sich zu entspannen, nehmen Sie doch Platz.«

Lumière, *Die Schöne und das Biest*

Meine Oma war eine fantastische Geschichtenerzählerin. Wenn sie aus einem Märchenbuch vorlas, hing ich an ihren Lippen. Sie erzählte uns auch oft von früher, und kaum dass sie eine Geschichte abgeschlossen hatte, baten meine Schwester und ich sie immer, uns noch eine Geschichte zu erzählen. Mit geschlossenen Augen lauschte ich ihrer Stimme und gelangte so in spannende Fantasiewelten, in denen ich alles Mögliche erlebte. Dank der Erzählkunst meiner Oma bin ich von klein auf versessen auf Geschichten. Vor allem auf Märchen. Meine Eltern nahmen mich und meine kleine Schwester oft mit in einen Freizeitpark; der Märchenwald dort war mein Lieblingsort. Fasziniert lauschte ich der Musik, die aus den Pilzen kam, ich wollte unbedingt das Ende jeder Geschichte hören, starrte wie gebannt auf die roten Schuhe, tauchte in Frau Holles Brunnen und fand den Drachen mit der Schatztruhe richtig gruselig. Abgesehen von unseren Erlebnissen im Märchenpark haben wir zu Hause stundenlang Zeichentrickfilme geschaut: Dornröschen, Schneewittchen, Dumbo, Bambi, Dschungelbuch, Donald Duck, Die kleine Meerjungfrau, Der König der Löwen, die Schöne und das Biest – ich habe sie verschlungen. Mein Vater saß oft neben uns auf dem Sofa oder im Kino, ganz entspannt und lachte dabei lauter als meine Schwester und ich zusammen. Geschichten, ob in Filmen, Büchern oder den Erzählungen meiner Oma, haben mich berührt und geprägt. Wenn ich Geschichten und Märchen lauschte, war es einen Moment lang so, als ob ich selbst nicht existieren würde. Durch diese Geschichten entdeckte ich Welten, die ich nicht kannte. Und immer nahm ich ein wenig von der Magie dieser mir fremden Welten in mein »wirkliches Leben« mit zurück.

Auch heute, wo ich erwachsen bin und als Theatermacherin und Schriftstellerin arbeite, greife ich oft auf die Märchen und Geschichten zurück, in die ich früher schon völlig eintauchen konnte. Während ich eine Inszenierung erarbeite, gibt es immer wieder Momente, in denen ich während einer Probe ein Märchen- oder Geschichtenbuch ins Spiel bringe. Geschichten haben etwas Magisches. Durch die Figuren erlebt und fühlt man all das, was einem im alltäglichen Leben manchmal weniger leicht zugänglich ist.

Wenn man sich in einer Geschichte verliert, entdeckt man Welten, die die eigene bereichern können. Man begegnet Figuren, die anders sind als man selbst, die die Dinge anders angehen. Geschichten bieten einem andere Perspektiven auf die Welt als nur die eigene.

Deshalb wollte ich dieses Buch schreiben, ein Buch, das die wichtigsten Wesensmerkmale meiner Arbeit als Theatermacherin und praktische Philosophin in sich vereint: das Erzählen schöner Geschichten und das Führen guter Gespräche. Geschichten zu lesen, kann unser Denken erweitern, und es kann uns dazu einladen, die Dinge anders zu betrachten als bisher. Mit diesem frischen Blick haben wir dann die Möglichkeit, andere, vielleicht etwas nuancenreichere, tiefsinnigere und pointiertere Gespräche zu führen als vorher. Ich glaube, wir profitieren von Geschichten, die unser Denken herausfordern. Wir möchten Gespräche führen, in denen es um etwas geht. Wir möchten uns gern in etwas vertiefen, etwas erforschen und erkunden, in unserem Denken spielerisch und kreativ sein. Doch die Tendenz, in Gesprächen vor allem überzeugen, gewinnen und eigene Ansichten zum Besten geben zu wollen, ist manchmal hartnäckig.

Wenn wir uns beim Weihnachtsessen mit Onkel Harry in eine Diskussion verwickeln, der sich wieder einmal über »die üble Diskussion darum, ob Pippi Langstrumpfs Vater nun weiter als ›Negerkönig‹ bezeichnet werden darf«, auslässt und meint, dass »sie« einfach nicht »so herumnörgeln und die Finger von unserer Tradition lassen sollten«, dass »jeder, der daran etwas auszusetzen hat, gern in sein eigenes Land zurückgehen kann«, ist es schwierig, offen zu bleiben und Fragen zu stellen, statt zu versuchen, Onkel Harry von seinem verkehrten Weltbild abzubringen.

In einer Sitzung, in der ein wichtiger Beschluss gefasst werden soll, in der sich zwei Meinungen konträr gegenüberstehen, neigt man häufig dazu, vor allem den eigenen Standpunkt immer wieder mit anderen Worten zu wiederholen – bei jeder Runde etwas vehementer als zuvor.

In einem Klassenzimmer, in dem ein Schüler mitten in einer heftigen Diskussion ruft: »Leute, die sich nicht gegen Corona impfen lassen, sind einfach ein Haufen Egoisten!«, ist es schwierig, nach den Argumenten und Vorannahmen hinter dieser Aussage zu fragen. Gewöhnlich präsentieren die meisten lieber ihre eigenen Ansichten in der Hoffnung, ihr Gegenüber damit auf andere Gedanken zu bringen. Das gelingt natürlich nur selten; schließlich sind wir selbst meistens wenig geneigt, die Ansicht eines anderen zu übernehmen, nur weil dieser laut genug das Gegenteil von dem verkündet, was wir selbst behaupten.

Ich glaube, dass die Welt davon profitieren würde, wenn wir das besser machen würden – wenn wir unsere Gedanken klarer formulieren könnten, wenn wir uns trauen würden, tiefergehende Fragen zu stellen, und verschiedene Perspektiven erkunden könnten. Auch wenn wir lernen würden, weitsichtiger, umfassender, kreativer und innovativer zu denken, als wir es heute für gewöhnlich tun. Und vor allem, wenn wir den Mut hätten, daran zu zweifeln, dass wir recht haben. Wenn wir einmal nicht in fast jedem Gespräch unsere eigene Meinung, unser eigenes Ich in den Vordergrund stellen würden. Wenn wir nicht nur darauf aus wären, unsere eigene Meinung kundzutun, sondern eher fragen und untersuchen wollten.

Dieses Buch hilft Ihnen dabei, Ihr eigenes Denken auf eine eigenwillige und spielerische Weise zu schärfen. Seit es die Menschheit gibt, teilen wir Geschichten miteinander. Geschichten über wahre Begebenheiten, lustige Anekdoten, erfundene Geschichten, Geschichten über Götter, mythologische Figuren, Zauberer, Ritter und Prinzessinnen. Wir verbinden uns miteinander, indem wir uns Geschichten erzählen und einander zuhören. Ich bin mir sicher, dass Sie, genau wie ich, schon manch unterhaltsamen Abend mit Freunden verbracht haben, an dem Sie schöne Geschichten ausgetauscht haben. Die Geschichte eines Freundes kann trösten (»Gott sei Dank bin ich nicht der Einzige«) oder etwas lehren (»Echt jetzt? Ich wusste gar nicht, dass man das auch *so* sehen kann«). Wenn wir in eine Geschichte (einen Roman, eine Serie, ein Märchen, eine Volkserzählung, eine Anekdote) eintauchen, lernen wir Figuren und Charaktere kennen, die anders denken und handeln als wir selbst. Das kann uns überraschen, bewegen, verwirren und auf neue Ideen bringen. Geschichten fordern uns dazu heraus, die eigene Realität aus einer etwas anderen Perspektive zu betrachten. In Geschichten können wir entdecken, wer wird sind, und wer oder was wir sein könnten – und das kann mehr sein, als wir dachten. Darauf zielt dieses Buch ab: Es will Ihnen spielerische Geschichten und Fragen liefern, die Sie trösten, erhellen, inspirieren und herausfordern; es soll Ihnen Themen an die Hand geben, über die Sie selbst nachdenken oder die Sie als Ausgangspunkt für ein angenehmes Gespräch mit Freundinnen und Freunden, Kolleginnen und Kollegen oder Familienmitgliedern benutzen können.

Die Geschichten in diesem Buch habe ich selbst geschrieben. Ich habe sie mit Fragen versehen, die das Denken schärfen und herausfordern sollen. Ich wollte Geschichten schreiben, die ich selbst gerne lesen würde, die mich trösten, mich zum Schmunzeln oder mich auf spannende Gedanken bringen. Aber auch Geschichten, die etwas in Bewegung setzen oder mich mit meinen eigenen unbequemen Fragen und Ideen konfrontieren. Die Geschichte von Henry und seiner Eitelkeit konfrontiert mich zum Beispiel mit meinen eigenen Unsicherheiten in Bezug auf Aussehen und Schönheit. Die Geschichte von Hein und den Lavendelfeldern gibt mir Trost und hilft mir, mehr Klarheit in meine Gedanken über den Tod zu bekommen. Die Geschichte über die Stille erinnert mich daran, dass es bei mir selbst noch einiges zu entwickeln gibt: Stille zuzulassen und bewusst zu suchen. »Tu me manques« (Du fehlst mir) konfrontiert mich mit dem intensiven Gefühl, einen geliebten Menschen zu vermissen, und erinnert mich daran, dass ich meinen Lieben öfter sagen sollte, wie viel sie mir bedeuten. Jede Geschichte bot mir eine neue, überraschende Perspektive und lieferte mir Fragen, die mich zum Weiterdenken und Erkunden meiner eigenen Ideen und Gedanken anregten. Die verschiedenartigen Fragen nach jeder Geschichte helfen mir auch, mein Denken weiter zu schärfen und zu entwickeln. Ich hoffe, dass diese Geschichten und ihre Fragen das Gleiche auch bei Ihnen bewirken.

## Wie dieses Buch aufgebaut ist – Gibt es so etwas wie eine korrekte Gliederung?

Sie können sich natürlich eine Geschichte aussuchen, die Sie gerade anspricht; Sie können sich in diese Geschichte hineinversetzen und an den Fragen dazu arbeiten. Tun Sie das ruhig jetzt schon, wenn Ihnen der Sinn danach steht. Wenn Sie allerdings zunächst mehr Hintergrundinformationen über das Philosophieren im Allgemeinen, über das Philosophieren anhand von Geschichten und einige konkrete Kunstgriffe dafür haben möchten, um etwas strukturierter damit zu arbeiten, werden Sie in den nächsten Kapiteln fündig.

In Teil I erläutere ich Ihnen, was Philosophieren ist (und was nicht). Sie erhalten konkrete Tipps und Tricks, um ein philosophisches Gespräch über die Themen in den Geschichten zu führen, und ich zeige Ihnen, in welchen Situationen Sie mit diesem Buch praktisch zu Werke gehen können. Ich erkläre Ihnen auch, wie Sie mit den Fragen zu den Geschichten arbeiten können.

In Teil II finden Sie die Geschichten, an die sich jeweils drei verschiedene Arten von Fragen anschließen. Der Anhang des Buches bietet eine praktische Übersicht über die Geschichten und ihre Themen. Möchten Sie sich in ein bestimmtes Thema vertiefen, über eine Frage nachdenken, die Sie gerade beschäftigt, oder suchen Sie eine Geschichte, die zu einem bestimmten Anlass passt? Dazu gibt Ihnen der Überblick am Ende des Buches Auskunft. Dort wird aufgelistet, welches Thema in welcher Geschichte angesprochen wird.

# TEIL I

# WARUM (UND IN WELCHER WEISE) GESCHICHTEN UNSER DENKEN HERAUSFORDERN

Ein Kapitel, in dem wir uns ansehen,
was Philosophieren ist – und was nicht,
warum das Philosophieren mit Geschichten
gewinnbringend für Sie ist; in dem der Begriff
»perspektivische Gelenkigkeit« eingeführt wird
und in dem Sie praktische Kunstgriffe finden,
um mit diesem Buch zu arbeiten.

# 1

# WAS IST PHILOSOPHIEREN?

»Ach, wie gut ist, daß niemand weiß,
daß ich Rumpelstilzchen heiß'!«
Rumpelstilzchen

## Philosophieren und philosophieren

Wenn ich auf Partys erzähle, was ich mache (»Ich bin praktische Philosophin und helfe Menschen, besser nachzudenken und schärfere Fragen an sich und andere zu stellen«, so lautet derzeit in etwa mein sich in ständiger Entwicklung befindlicher *Elevator Pitch*), erhalte ich normalerweise zwei Arten von Reaktionen.

Die erste ist Verwirrung: Mein Gegenüber schweigt kurz und schaut ein wenig skeptisch. Darauf folgt dann in der Regel eine Bemerkung wie: »Äh … Philosophieren und praktisch? Ist das nicht widersprüchlich? (»Das ist eine contradictio in terminis«, sagen Menschen, die einen klugen Eindruck machen wollen.) Denn: »Wie kann Philosophieren praktisch sein?«

Philosophieren hat den Ruf, etwas akademisch, trocken und vor allem etwas für Intellektuelle zu sein. Ich für meinen Teil glaube nicht, dass das stimmt; die meisten Menschen sind, ohne es zu wissen, regelmäßig schon ein wenig philosophisch. Kleine Kinder können die schönsten philosophischen Fragen stellen: »Kann man sich in einen Gegenstand verlieben?« Oder: »Können Bäume sprechen?« Und: »Warum muss ich mich an die Regeln halten?« Vielleicht erinnern Sie sich auch noch daran, welche Fragen Sie als Kind lange Zeit beschäftigt haben. Mit dem Älterwerden wachsen auch die Fragen mit: »Wer bin ich, was will ich?«, »Welches Studium passt zu mir?«, »Was ist mein Beitrag in der Welt?«. Und später dann: »Will ich mich beruflich verändern oder bleibe ich bei meinem jetzigen Arbeitgeber?«, »Was darf ich für meinen Mitarbeitenden/meine Patientinnen und Patienten/meine Kinder entscheiden?«. Vielleicht stellen Sie sich selbst hin und wieder auch eine philosophische Frage: »Wann sollte man besser schweigen?«, »Woher weiß man, ob man jemandem vertrauen kann?«, »Was kann man besitzen?«, »Wann muss man eine Grenze setzen?«, »Darf man seine Freunde belügen?«. Als lebendige, sich entwickelnde, suchende und lernende Menschen stellen wir uns und anderen Fragen über Leben und Tod, Recht und Unrecht, Arbeit und Beziehungen, Gesundheit und Geld. Die Antworten auf solche Fragen sind nicht bei Google oder Wikipedia zu finden. Nur wenn wir gut darüber nachdenken und dieses Denken wieder auf den Prüfstand stellen, das Innerste noch einmal nach außen kehren, gelangen wir zu Einsichten, die uns weiterbringen.

Philosophieren ist also gewiss nicht nur etwas für besonders schlaue, intelligente Menschen. Es ist nicht per se hochtrabend, schwierig oder akademisch. Philosophieren kann sehr praktisch sein. Außerdem sind Sie sogar hin und wieder ein wenig philosophisch, ohne es zu wissen.

Unsere philosophischen (Denk-)Fähigkeiten sind allerdings nicht immer gleich gut entwickelt – schlicht und einfach deshalb, weil wir sie nicht genug trainieren. In der Grundschule sind Denk-

und Fragestunden noch kein fester Bestandteil des Lehrplans. Wie eine solide Argumentation aussieht, welche Argumentationsfehler man machen kann, wie man gezielt weiterfragen, Vorannahmen analysieren und hinterfragen oder eine Idee problematisieren kann, wird uns nicht von klein auf vermittelt und mit uns eingeübt.

Das alles sind Denkfähigkeiten, die – richtig eingesetzt – die Dinge enorm erhellen und in unserem Kopf für Ordnung sorgen können. Wir nutzen also die Mittel – die Denkfähigkeiten –, die uns zur Verfügung stehen. Die könnten allerdings oft viel besser sein.

Die zweite Reaktion, die mir regelmäßig begegnet, wenn ich erzähle, was ich mache, ist: »Ach ja, philosophieren! Das finde ich irre. Das finde ich echt toll! Super! Das mache ich selbst auch. Dann trinke ich mit Freunden ein gutes Glas Rotwein, wir sitzen am Kamin, tauschen tiefgründige Geschichten aus und diskutieren über den Sinn des Lebens. Philosophieren – das ist herrlich!«

Ich muss dann immer ein bisschen schmunzeln. Obwohl solche Abende großartig sind (ich habe selbst einige miterlebt und manches Glas dabei getrunken), kann man das nicht per se als Philosophieren bezeichnen. Philosophieren, also kritisches und klares Denken, ist kein amüsantes Kaffeekränzchen oder weinseliges Plaudern. Es geht nicht darum, Meinungen zum Besten zu geben, Anekdoten auszutauschen, den anderen mit seiner Geschichte zu übertrumpfen, Recht zu bekommen, überzeugen oder gewinnen zu wollen, zu debattieren und zu diskutieren, oder über den Sinn des Lebens oder darüber, »was die Welt im Innersten zusammenhält«, herumzufantasieren.

Genau besehen ist Philosophieren eigentlich eine ziemlich strikte Angelegenheit. Sie ist keinesfalls ein Freibrief dafür, zu sagen, was man denkt, ohne Rechenschaft für sein Denken abzulegen. Aussagen und Argumente können nicht einfach unverbindlich und ohne Konsequenzen vorgebracht werden. Bei wirklich kritischem Denken, beim Philosophieren, werden sie geprüft (»Stimmt das, was du sagst?«) und hinterfragt (»Warum ist das so? Ist das immer der Fall?«). Die Regeln und Gesetze der Logik dienen in einem philosophischen Gespräch, einem »Denkgespräch«, als Kompass.

Was mich angeht, bedeutet Philosophieren vor allem: diszipliniert und strukturiert über etwas nachzudenken; es hat das Ziel, weiser zu werden und neue Einsichten und Perspektiven zu erfassen und zu gewinnen.

Das bedeutet auch, dass sich ein philosophisches Gespräch von einer Debatte oder Diskussion unterscheidet, in der man vor allem überzeugen oder gewinnen will, statt zu erkunden und zu untersuchen, und ebenso von einer Unterhaltung über Gott und die Welt, in der man sagen kann, was man will, ohne es begründen oder rechtfertigen zu müssen.

Menschen, die glauben, mit mir »gemütlich philosophieren« zu können, sind oft enttäuscht, wenn sie merken, wie streng, strukturiert und diszipliniert ein philosophisches Gespräch tatsächlich abläuft. Denn bei einem solchen Gespräch kommt man mit Aussagen wie »Ja, aber das ist nun mal meine Meinung« oder »Du hast deine Wahrheit und ich meine« nicht mehr davon.

## Philosophieren muss man üben – und zwar beständig

Seit einiger Zeit mache ich Yoga. Zumindest praktiziere ich yogaartige Übungen. Manchmal probiere ich während einer Yogastunde die Krähenstellung aus. (Googeln Sie sie einmal. Man ist ein wahrer Champion, wenn man das hinbekommt.) Ich habe es noch nie geschafft, mit beiden Füßen vom Boden abzuheben und mein ganzes Gewicht auf den Händen zu balancieren. Knallhart auf der Fresse zu landen, vor lauter Anstrengung zu pupsen, mir das Handgelenk zu verstauchen und (vor lauter Konzentration) so lange den Atem anzuhalten, bis ich blau anlief, habe ich allerdings schon oft geschafft. Was ich damit sagen will: Die Dinge funktionieren nicht immer gleich perfekt. Philosophieren, gemeinsam auf strukturierte, disziplinierte und kritische Weise über etwas nachzudenken, ist wie Yoga (oder Meditation oder eine neue Sprache): Man muss es vor allem üben, um sich darin zu verbessern. Man lernt das nicht aus Büchern, und auch nicht, indem man sich Filme darüber anschaut. Daran muss man wirklich selbst arbeiten.

Die Tatsache, dass etwas immerwährender Übung bedarf, bedeutet auch, dass man sich immer wieder einmal Momenten des Scheiterns aussetzt, wenn man sich dieser Übung widmet. Dies gilt auch für das Philosophieren und das kritische Denken. Auch ich bringe manchmal bescheuerte Argumente vor oder stelle eine Frage, die eigentlich gar keine ist (»Warum hast du noch nicht gestaubsaugt, Schatz?«). Lebenslanges Üben bedeutet lebenslanges Lernen und beständiges Ausprobieren. Selbst wenn man Bücher über dieses Thema schreibt.

## Philosophieren und perspektivische Gelenkigkeit

Der niederländische Philosoph Roovers sagt: »Philosophie bedeutet, im Kopf Raum zu schaffen, um dasselbe anders zu sehen.« Ich halte das für eine schöne Aussage. Meiner Meinung nach stimmt sie: Die Dinge, die man sicher zu wissen glaubt, weisen dann mit einem Mal eine Vielzahl von Nuancen auf, die man noch nicht kannte. Man glaubt vielleicht zu wissen, was Begriffe wie »Zusammenarbeit« oder »Sicherheit« bedeuten, aber sobald man einmal kritisch darüber nachdenkt und eine strukturierte und disziplinierte Untersuchung dazu anstellt, wird schnell deutlich, dass jeder seine eigenen Bedeutungen, Erfahrungen, Definitionen und Nuancen damit verknüpft. Für ein solches kritisches, untersuchendes Denken muss man dazu in der Lage sein, sich von der eigenen Perspektive zu lösen und die Perspektiven der anderen zu erkunden. Die Fähigkeit, sich anderen Sichtweisen ruhig, geduldig und mit ebenso viel Aufmerksamkeit wie der eigenen Meinung zu widmen, kann als »perspektivische Gelenkigkeit« bezeichnet werden. Das ist ein wunderbarer Begriff, und wenn ich jemals in Erwägung ziehen sollte, mir ein Tattoo stechen zu lassen, dann landet er irgendwo auf meinem Unterarm oder Oberschenkel. Ich habe sie nicht selbst erfunden, die »perspektivische Gelenkigkeit«, das wäre toll gewesen. Ich habe sie mir von dem Philosophen Lammert Kamphuis ausgeliehen. Er sagt: »Philosophie lädt uns dazu ein, scheinbar selbstverständliche Ideen und Handlungen kritisch zu betrachten. Phi-

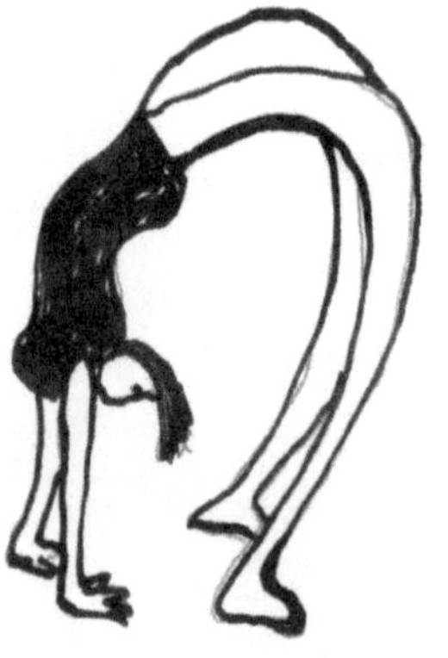

losophieren gibt uns die Möglichkeit, eine gesunde Distanz zwischen uns und unsere verkrusteten Denkstrukturen zu bringen. Es macht uns gedanklich flexibler und lässt uns erkennen, dass unser Denken freier ist, als wir je geahnt haben.«

Sich in perspektivischer Gelenkigkeit zu üben, bringt Ruhe in das eigene Denken. Man schärft seine Ideen und erweitert seinen Horizont.

Zusammenfassend lässt sich sagen: Philosophieren ist strukturiertes und diszipliniertes gemeinsames Nachdenken über ein Thema auf der Suche nach Weisheit. Dieses Nachdenken muss man unaufhörlich üben, um darin besser und scharfsinniger zu werden; also um perspektivisch gelenkig zu werden.

# 2

# BRINGT DIESES PHILOSOPHIEREN ETWAS?

»Manchmal sehen wir nur, wie verschieden Menschen sind. Aber wenn wir nur genau genug schauen, dann sehen wir, wie ähnlich wir uns eigentlich sind.«
Prinzessin Jasmin, *Aladdin*

»Warum sollten wir uns dem Philosophieren widmen? Wozu ist es gut? Ist es nützlich? Kostet es nicht vor allem Zeit? Ist Philosophieren denn nicht vor allem etwas für Leute, die Zeit im Überfluss für verschwurbeltes Gefasel haben?« Das sind nur ein paar Reaktionen – vielleicht auch Vorurteile –, die ich gelegentlich zu hören bekomme, wenn das Gespräch aufs Philosophieren kommt. Die Leute denken manchmal, dass Philosophieren vor allem viel Zeit koste und im Grunde zu nichts führe. Dass es etwas für Menschen sei, die ein bisschen Haarspalterei betreiben möchten, weil sie sonst nichts Besseres zu tun hätten.

Das ist schon gleich eine schöne Frage zum Analysieren. Die Frage »Was bringt X (in diesem Fall das Philosophieren)?« setzt voraus, dass Philosophieren etwas bringen soll. Das aber ist noch fraglich. »Soll Philosophieren etwas bringen?«, lautet daher die Frage, die eigentlich dahinter steht.

Vielleicht philosophieren Sie hauptsächlich, weil es Ihnen Spaß macht. Weil es sinnvoll und bereichernd ist. Die Tatsache, dass wir so gerne »Was bringt es?« fragen, sagt etwas über die Kategorien aus, in denen wir denken: Offenbar gehen wir davon aus, dass Dinge vor allem nützlich sein müssen. Ein Kind, das malt oder spielt, fragen wir selten nach dem Nutzen dieser Tätigkeit. »Sag mal, Anna, welchen Nutzen hat deine Zeichnung? Was bringt es dir, mit Puppen zu spielen? Warum spielst du Klavier? Bringt das denn überhaupt etwas?«

Als Erwachsene fragen wir uns ständig, wo der Return On Investment (also das Ergebnis unserer Investitionen, das, was man dafür zurückbekommt) einer Aktivität liegt. Wir sind damit beschäftigt, was unser Tun bringt, wie nützlich es ist, und manchmal auch damit, wie sich das messen lässt.

Mein Appell ist vor allem: Philosophieren Sie! Einfach, weil es Spaß macht. Wenn Sie erkunden wollen, was in Ihrem Kopf und in den Köpfen anderer vorgeht – unabhängig von irgendeiner Agenda, irgendeinem Ziel oder dem Wunsch, den anderen zu bekehren oder zu verbessern –, dann werden Gespräche mit einem Mal viel angenehmer und lassen sich leichter meistern; und eventuell entdecken wir Ähnlichkeiten, die wir vorher nicht gesehen haben.

## Fähigkeiten – beim Philosophieren lernt man unbemerkt eine ganze Menge

Beim Philosophieren schulen wir viele Fähigkeiten, die wir für gewöhnlich nicht so gut beherrschen. In diesem Sinne lässt sich durchaus sagen, dass Philosophieren ausgesprochen nützlich ist. Fähigkeiten, die man dabei entwickelt, sind beispielweise:

- **Reines Zuhören.** In der Regel sind wir keine besonders guten Zuhörer oder Zuhörerinnen. Oft hören wir mit der Absicht zu, »uns selbst eine Meinung zu bilden«, und sind schon gleich damit beschäftigt, was wir anschließend sagen, anstatt erst einmal verstehen zu wollen, was unser Gegenüber wirklich meint. In meinem Buch *Sokrates in Sneakern* finden Sie ein ausführliches Kapitel über reines, sokratisches Zuhören.
- **Klares Denken.** Indem wir mit anderen philosophieren, gewinnt unser eigenes Denken an Klarheit. Wir müssen erklären, wie wir etwas genau meinen, warum sich X von Y unterscheidet, wie sich Idee A zu Idee B verhält, und ob wir in einem Satz zusammenfassen können, was genau unser Standpunkt ist. Was für den einen selbstverständlich ist, ist es für andere oft nicht. Und so helfen uns die anderen, die Gedanken hinter unserem eigenen Denken zu erkunden. Nicht selten erfährt man in einem philosophischen Denkgespräch, dass man offensichtlich Ideen und Ansichten hat, derer man sich noch nie bewusst gewesen ist.
- **Nachfragen.** Wenn man philosophiert, lernt man, anderen zu dem, was sie sagen, Fragen zu stellen. Jemand präsentiert eine Idee vielleicht als selbstverständlich (»Es ist doch einfach so: Wer sich nicht gegen Corona impfen lässt, dem sollten auch weniger Freiheiten zugestanden werden. Schließlich ist er dann ein

Risikofaktor.«), und Sie lernen, dazu Fragen zu stellen. (»Welche Freiheiten sollten dieser Person im Vergleich zu Geimpften nicht zugestanden werden? Wann ist man ein Risikofaktor? Woran zeigt sich, dass man ein Risikofaktor ist? Was bedeutet ›es ist einfach so‹?«)

Nachzufragen verlangt manchmal einiges an Mut, Entschlossenheit und Schärfe, doch wenn man zu philosophieren beginnt, entwickelt man diese Fähigkeiten sehr schnell. Und wenn es Ihnen in einem philosophischen Gespräch gelingt nachzufragen, wird es Ihnen auch am Arbeitsplatz, am Küchentisch oder bei Ihren Schwiegereltern leichter fallen.

- **Logisches Denken.** Philosophieren ist eine Suche nach Wahrheit und Weisheit. Dabei geht es oft um die Frage: »Was ist hier, in dieser Situation, nun wahr?« Das ist immer der Kompass: Ist es wahr? Stimmt es, was hier steht? Ist es wahr, was Patrick sagt? Warum oder warum nicht? Da *diese* Frage immer Ihr Motor ist (und nicht die Frage »Bin *ich* einverstanden?« oder »Fühlt sich das für *mich* gut an?«), trainieren Sie Ihre Fähigkeit, kritisch zu denken. Sie nehmen wahr, wo sich ein anderer selbst widerspricht, Sie erkennen Ideen, die nicht zusammenpassen, und bemerken Argumentationsfehler schneller.

- **Sprachgefühl.** Philosophieren macht Sie sensibler für Sprache; dabei spielen Wörter eine wichtige Rolle. Es macht einen Unterschied, was und mit welchen Worten jemand etwas sagt. Sie werden sensibler für kleine Wörter und Nebensätze, die auf den ersten Blick nicht viel bedeuten, bei genauerem Hinsehen aber etwas über die Ansichten und Vorstellungen der Person aussagen.
- **Selbsterkenntnis.** Beim Philosophieren lernt man, *was* und *wie* man denkt. Die eigenen Ansichten bekommen eine schärfere Kontur, Unterschiede und Gemeinsamkeiten mit dem Denken der anderen werden deutlicher. Manchmal stößt man dabei auf Ansichten und Argumente, von denen man gar nicht wusste, dass man sie hat. Man lernt auch etwas darüber, wie man denkt: schnell oder langsam, chaotisch oder strukturiert; hat man bei manchen Themen Vorurteile, hat man ein bestimmtes Steckenpferd, auf dem man gerne herumreitet? Dadurch erfährt man mehr darüber, wer man selbst ist, wofür man steht.
- **Verbindung.** Sich in einem philosophischen Gespräch gegenseitig zu befragen und dabei das Ziel zu verfolgen, gemeinsam Weisheit zu finden, wirkt verbindend. Das hört sich vielleicht so schwülstig an, dass Ihnen davon leicht übel wird (verstehe ich, schon okay), es ist aber wirklich wahr. Gerade weil Sie die Verpflichtung eingehen, eine Frage gemeinsam philosophisch zu untersuchen, und an dieser Untersuchung auch festzuhalten, verbinden Sie sich mit anderen. In einem philosophischen Gespräch teilen wir unser Nicht-Wissen, unsere Untersuchung und unsere Erkundungen miteinander. Das bedeutet, dass wir einander manchmal Einblick in Bereiche unseres Denkens gewähren, die wir selbst noch nicht gut kennen. Damit machen wir uns vielleicht verletzlich, es ist in gewissem Sinne aber auch verbindend. Denken Sie an die kluge Aussage von Prinzessin Jasmin und hören und sehen Sie genau hin.

- **Nachsicht.** Oft entwickelt man auch mehr Nachsicht und Respekt für die Vorstellungen anderer. Beim Philosophieren werden wir damit konfrontiert, wie unterschiedlich Menschen die Dinge manchmal betrachten. Was für Sie selbst vollkommen logisch ist, ist es für einen anderen ganz und gar nicht. Indem wir lernen, die Sichtweisen anderer mit der gleichen Aufmerksamkeit zu betrachten und zu untersuchen wie unsere eigenen, werden wir oft auch nachsichtiger gegenüber deren Ideen und Ansichten. Das allein gibt uns schon Raum und Luft zum Nachdenken.
- **Eine offene, untersuchende Haltung** ist sowohl Voraussetzung als auch Ergebnis des Philosophierens. Um zu philosophieren, bedarf es einer untersuchenden Haltung, *und* zugleich entwickelt sich diese Haltung, *indem* wir philosophieren. Je öfter man philosophiert, desto besser übt man diese Haltung ein und desto besser kann man sie auch in Situationen einnehmen, die nicht direkt philosophischer Natur sind. Davon profitiert so manche Sitzung, Debatte oder auch Diskussion im Freundeskreis.
- **Enthaltung.** Philosophieren lehrt uns, das eigene Urteil und die eigene Meinung weniger ernst zu nehmen und für eine Weile zurückzustellen. Wir legen gewöhnlich ziemlich viel Wert auf das, was wir selbst denken und meinen. Beim Philosophieren nimmt man allerdings seine eigenen Urteile noch einmal unter die Lupe. Manchmal legt man sie dabei nur eine Zeitlang auf Eis, manchmal wandern sie aber anschließend auch in den Müll.

Ist Philosophieren für irgendetwas gut? Ist es ein Mittel, um bestimmte Fähigkeiten zu trainieren? Oder hat es einen Wert in sich, einfach, weil man es schön findet? Wie denken Sie darüber? Ich glaube, dass ich meinen Job nicht gut mache, wenn ich Sie nicht hier schon ein bisschen zum Nachdenken über diese Art von Fragen anrege.

# 3

# WARUM SOLLTEN SIE IHR DENKEN MIT GESCHICHTEN HERAUSFORDERN?

»Spieglein, Spieglein an der Wand, ...«
Schneewittchen

Philosophieren kann man auf viele unterschiedliche Arten und basierend auf ebenso vielen Ausgangspunkten. Philosophieren kann sich auf eine philosophische Frage oder eine Idee, aber auch auf eine persönliche Erfahrung, ein Bild oder ein Musikstück, ein Gedicht oder einen Gegenstand stützen. Eigentlich ist nichts zu verrückt, um Ausgangspunkt oder »Denkanstoß« für ein interessantes philosophisches Gespräch zu sein.

Geschichten in Form von Märchen, Mythen, Sagen oder Gleichnissen sind oft ein guter Ausgangspunkt, um zu philosophieren. Einige Vorteile, die sich aus dieser Art fantasiereicher Geschichten für das Philosophieren ergeben, sind zum Beispiel die Folgenden:

1. Geschichten bieten Ihnen einen Rahmen und einen Halt.
2. Geschichten wirken sich inspirierend auf Ihre Kreativität und Sprachfertigkeit aus.
3. Geschichten sind zugänglich und bieten Sicherheit.

## 1. Geschichten als Rahmen und Halt

Natürlich kann man mit einer *einzigen* philosophischen Frage zu philosophieren beginnen, aber das hat durchaus einige Nachteile. Eine einzige Frage bietet beispielsweise wenig Halt: Sie ist offen und frei und bietet eine (zu) geringe Rahmung.

Angenommen, Sie wollten ein Gespräch über das Thema »Familie« führen. Dann könnte eine philosophische Frage lauten: »Soll man seiner Familie immer helfen?« Nun kann man natürlich ein philosophisches Gespräch führen, das allein von dieser Frage ausgeht. Dann besteht allerdings die Gefahr, dass alle Teilnehmenden vor allem ihre eigenen persönlichen Geschichten und Erfahrungen über dieses Thema berichten wollen. Sie haben ihre eigenen Anekdoten über ihre Familie, sie wollen erzählen, wie sie ständig versuchen, ihnen zu helfen, und wie frustrierend das sein kann. Das hebt das Gespräch nicht unbedingt auf ein philosophisches Niveau; es bleibt eher ein Austausch persönlicher Erfahrungen. Präzision, Tiefgang und das Herausfordern und Hinterfragen des eigenen Denkens sowie des Denkens der anderen gehen dabei schnell verloren.

Ein anderer Fallstrick besteht darin, dass man sich zwar von Anekdoten und persönlichen Geschichten fernhalten kann, dabei aber nur abstrakte Ideen austauscht. Dann sagt Jan: »Ja, Familienmitgliedern sollte man immer helfen. Denn schließlich stehen sie einem auch oft zur Seite, und es ist einfach gut, anderen zu helfen.« Patrick wiederum reagiert darauf mit seinen eigenen allgemeinen Vorstellungen über »Helfen« und »Familie«: »Meiner Meinung nach muss man nicht immer helfen. Helfen sollte vor allem etwas Freiwilliges sein, sonst ist es gar kein Helfen.« So wird das Gespräch oberflächlich; man tauscht allgemeine Ideen aus, ohne sie zu präzisieren, zu hinterfragen oder zu vertiefen. Man kann Jan und Patrick vielleicht noch Fragen zu ihren Behauptungen stellen; das Risiko besteht dann darin, dass jeder eine Menge Beispiele vorbringt, die nur dazu dienen, den eigenen Standpunkt zu stützen und die eigenen Überzeugungen zu bestätigen. Beim Philosophieren und dem Entwickeln perspektivischer Gelenkigkeit geht es jedoch gerade darum, die eigenen Wahrheitsansprüche infrage zu stellen. Mit einer stärkeren Rahmung zu philosophieren, die über eine einzige Frage oder Idee hinausgeht, sorgt dafür, dass das Gespräch an Tiefgang und Schärfe gewinnt.

## 2. Kreativität und Sprachvermögen

In aller Regel sind Worte das Medium unseres Denkens. Wir denken zwar auch in Bildern und Tönen, aber wenn wir einem anderen etwas deutlich machen wollen, tun wir das meist mit Worten. Auch das Philosophieren bedient sich des Wortes, ebenso wie die Geschichten, über die wir philosophieren. Auf diese Weise schärfen wir unsere analytischen Fähigkeiten (Was ist hier genau gemeint?) und unser Sprachempfinden (Was steht hier genau geschrieben?). Mit Geschichten als Ausgangspunkt zu philosophieren, lädt Sie und die Menschen, mit denen Sie dieses Experiment unternehmen, dazu ein, auf eine zugängliche und niedrigschwellige Weise Begriffe wie »Zusammenarbeit«, »Leadership«, »Fairness«, »Eitelkeit«, »Rechthaberei«, »Liebe« und vieles andere mehr zu erkunden.

Geschichten bieten eine Fülle an Blickwinkeln und Themen. Sie sind eigentlich so etwas wie der Spiegel im Märchen Schneewittchen: Sie spiegeln unterschiedliche Teile, Ideen und Gedanken von uns selbst wider. Mithilfe von Geschichten können Sie auch Ihr kreatives Denken entwickeln: Schreiben Sie die Geschichte doch einmal um und erzählen Sie sie aus der Ich-Perspektive. Machen Sie ein Gedicht aus einer Geschichte. Oder wählen Sie den für Sie wichtigsten Satz darin aus und entwickeln aus ihm heraus Ihre eigene neue Geschichte. In diesem Buch finden Sie zu jeder Geschichte eine kreative Aufgabe, die Sie herausfordert und überrascht.

## 3. Geschichten sind zugänglich und geben Sicherheit

Gemeinsam über Themen wie Diskriminierung, Genderidentität, Politik, Führung, eine inklusive Gesellschaft oder #MeToo nachzudenken – das möchten wir sicherlich alle gern, aber ich denke, wir wissen auch, wie ungeheuer kompliziert das ist. Sehr schnell geht es dabei heiß her, nicht selten wird eine scharfe Diskussion oder hitzige Debatte entfacht, in der alle Parteien vor allem ihre eigene Position gewürdigt sehen wollen. Das Denken wird dabei weder herausgefordert noch vertieft, weder infrage gestellt noch weiterentwickelt.

Mit Geschichten zu arbeiten, ist eine sichere, niedrigschwellige Methode, um große Themen aus einem spielerischen Blickwinkel zu

betrachten. Philosophiert man ausgehend von einer persönlichen Geschichte oder Erfahrung, ist man manchmal zu sehr in seine eigene Geschichte verwoben und verstrickt. Die Geschichten samt der dazugehörigen Fragen in diesem Buch sind keine Alltagsgeschichten über Menschen wie Sie und mich, sondern Märchen und Parabeln mit Prinzessinnen, Rittern, Eintagsfliegen, Papageien, Hexen und fliegenden Teppichen in den Hauptrollen. Indem Sie von einer fiktiven Geschichte wie einem Märchen, einem Mythos oder einer Parabel ausgehen, schaffen Sie eine Distanz zwischen sich selbst und den Zusammenhängen, über die Sie philosophieren wollen. Das macht das Nachdenken über große Themen leichter und niedrigschwelliger. Die Denkfähigkeiten, die Sie beim Philosophieren über Geschichten erlangen und schärfen, nehmen Sie dann auch mit an Ihren Arbeitsplatz, zum nächsten Familienfest oder zu einem Gespräch mit der Schwiegermutter. Sie trainieren Ihre Fähigkeiten kurzzeitig außerhalb der Arena, außerhalb des Schlachtfelds, wo *shit will hit the fan quickly*. Danach begeben Sie sich mit trainierten Denk- und Fragemuskeln wieder in diese Arena, um Ihre Fähigkeiten dort anzuwenden.

# 4

# PHILOSOPHIEREN MIT GESCHICHTEN – WIE MACHT MAN DAS EIGENTLICH?

»Der richtige Weg ist nun mal nicht immer der einfachste Weg.«
Großmutter Weide, *Pocahontas*

Vor dem Schlafengehen eine Gutenachtgeschichte zu lesen, macht Spaß und zaubert vielleicht ein Lächeln auf Ihr Gesicht. Aber es schärft noch nicht Ihr Denken. Dafür müssen Sie wirklich tatkräftig ans Werk gehen, was nicht immer der einfachste Weg ist. Ich habe auch schon manchmal lächelnd anderen beim Training in einem Fitness-Bootcamp zugesehen und gehofft, dass ich dadurch muskulöser würde – vergebens. Dazu muss man schon selbst mit Gewichten arbeiten. Deshalb gebe ich Ihnen im Folgenden praktische Tipps, Werkzeuge, Anleitungen und Diskussionsregeln an die Hand und weise Sie auf Fallstricke hin. Anders ausgedrückt: Ich reiche Ihnen die Zutaten für ein anregendes, anspruchsvolles und unterhaltsames philosophisches Gespräch.

Zunächst möchte ich Ihnen erklären, was Sie mit den drei verschiedenen Arten von Fragen nach jeder Geschichte in diesem Buch anfangen können. Außerdem nehme ich Sie mit in die verschiedenen Kontexte, in denen Sie dieses Buch nutzen können: Sie können es allein, mit Freundinnen und Freunden, mit Ihrer Familie und in Organisationen verwenden. Danach gebe ich Ihnen – als Anregung – einen übersichtlichen Stufenplan dafür, wie ein philosophisches Gespräch mit einem Anfang, einer Mitte und einem Ende ablaufen könnte.

Darauf folgt ein Kapitel über Behauptungen, Argumente und Denkfehler. Zum Schluss erhalten Sie noch eine Liste mit allgemeinen Ausgangspunkten und nützlichen Absprachen für ein philosophisches Gespräch.

Am Ende haben Sie einen komplett gefüllten Werkzeugkasten, mit dem Sie sofort loslegen können.

# 5

# VERSCHIEDENE ARTEN VON FRAGEN UND AUFGABEN

»Hier liegt euch die Welt zu Füßen.«

Bert, *Mary Poppins*

Im Anschluss an jede Geschichte finden Sie drei verschiedene Listen mit Fragen: anregende Fragen, Verständnisfragen und philosophische Fragen. Außerdem gibt es zu jeder Geschichte eine oder mehrere kreative Aufgaben.

Die *anregenden Fragen* dienen zum Aufwärmen; sie sollen Sie dazu inspirieren, erste Ideen, Gedanken und Ansichten zu den Themen in der Geschichte zu bilden. Wenn Sie mit diesen Fragen beginnen, wird sicherlich Ihre Fantasie angeregt, (neue) Welten erschließen sich. Sie müssen darüber nachdenken, wie sich etwas auflösen lässt, was Sie selbst in einer bestimmten Situation für »richtig« halten, wer Ihrer Meinung nach die beste oder gerade die schlechteste Figur ist und ob Figur A oder doch Figur B recht hat. Indem man sich mit diesen Fragen befasst, übt man sich vor allem darin, seine eigenen primären Meinungen und Ansichten zu erkunden und zum Ausdruck zu bringen. Man tut also etwas anderes, als sein analytisches Denkvermögen oder eine philosophische Frage zu vertiefen. Die anregenden Fragen eignen sich sehr gut dazu, sich aufzuwärmen und schon einmal das ein oder andere zu erkunden und zu besprechen. Aber sie fordern Sie noch nicht dazu heraus, wirklich neue Perspektiven zu gewinnen oder Ihre analytischen Fähigkeiten zu schärfen; dazu brauchen Sie die zweite und dritte Art von Fragen.

Die *Verständnisfragen* sollen Ihnen helfen, den Text besser zu verstehen, zu erkunden, zu analysieren und zu ergründen. Bei den Verständnisfragen handelt es sich um Fragen, mit denen Sie Ihr kritisches Denken wirklich trainieren können. Sie können sie dazu nutzen, Ihr Denken zu schulen, anstatt leichtfertig irgendeine Meinung in den Raum zu stellen. Bei den Verständnisfragen geht es darum, zu beurteilen, ob hier ein bestimmter Begriff angebracht ist: »Ist Tilly eine Wichtigtuerin?« »Ist Henry eitel?« Sie müssen plausible Erklärungen dafür finden und diese anhand des Textes belegen. Sie müssen zeigen, warum Figur X eine Wichtigtuerin ist: Was tut/sagt/schreit sie? Die Verständnisfragen trainieren Ihr Denken, weil Sie versuchen müssen, mehr als nur eine Antwort zu formulieren. Genau besehen, trainieren Sie Ihre Verständnis- und Analysefähigkeit erst dann, wenn Sie drei Antworten auf eine Verständnisfrage finden. Die erste Antwort bietet sich oft an, manchmal auch noch die zweite, aber bei der dritten müssen Sie sich wirklich ins Zeug legen. Indem Sie drei Antworten auf eine begriffliche Verständnisfrage geben und diese auch gut untermauern, müssen Sie verschiedene Standpunkte einnehmen und verteidigen: Sie müssen sowohl das »Ja« als auch das »Nein« prüfen und dafür jeweils Belege im Text finden. Das allein macht Sie schon geistig gelenkiger und stärker. Die Aufgabe bei Denkfragen besteht immer darin, Ihre Antwort anhand des Textes zu belegen: Welche Argumente haben Sie und wo finden Sie Belege dafür im Text? Finden sich diese Belege buchstäblich im Text, oder sind sie implizit darin enthalten? Woraus geht das hervor?

## Beispiel

Im Anschluss an die Geschichte »Der Papagei und der Pfau« findet sich die Frage: »Ist Tilly, die Taube, eine Wichtigtuerin?« Mögliche Antworten sind:

1. Ja, denn in der Geschichte reagiert sie, indem sie mit einem Seufzer zu Boden fällt. Diese Reaktion ist übertrieben; sie hätte einfach etwas sagen können, ohne ein Drama daraus zu machen. Daher ist sie eine Wichtigtuerin.
2. Nein, denn Tilly reagiert auf eine Art, die zu ihr passt: auf eine dramatische Art. Ihr Charakter ist selbst schon dramatisch, und um eine »Wichtigtuerin« zu sein, müsste sie noch viel grotesker reagieren.
3. Ja, weil … Nein, weil …

Hat man mehrere Antworten formuliert, kann man diese prüfen und hinterfragen: Wo im Text steckt das Drama genau? Was ist hier »übertrieben«? Woran erkennt man Tillys dramatischen Charakter?

Indem man sich wirklich mit einer Frage beschäftigt, mehrere Hypothesen formuliert, diese wiederum anhand des Textes überprüft, neu formuliert und nochmals überprüft, schärft man sein Denken, gewinnen die eigenen Argumente an Stärke und werden besser formuliert.

*Philosophische Fragen* sind textunabhängig; sie zielen auf die allgemeineren Prinzipien und abstrakteren Begriffe ab, die sich aus den Geschichten ergeben. Zum Beispiel: »Was ist Eitelkeit?«, »Sollte man je-

den Tag so leben, als wäre er der letzte?«, »Woher weiß man, ob man glücklich ist?«. Solche Fragen können für eine philosophische Untersuchung verwendet werden. Sie müssen Ihre Antworten nicht anhand des Textes belegen können, aber er kann Ihnen natürlich als Inspirationsquelle und Prüfstein dienen: Wie sieht es *hier* mit der Eitelkeit aus? Darf Henry *hier* eitel sein?

Sie können auch einfach eine philosophische Frage wählen, ohne die Geschichte gelesen zu haben, und mit ihr ein philosophisches Gespräch beginnen. In diesem Fall würde ich Ihnen allerdings raten: Besprechen Sie die Frage in Bezug auf *ein* konkretes Ereignis. Das verleiht dem Gespräch mehr Schärfe und Tiefe. Philosophieren Sie durchgängig rein abstrakt über die Frage, wird Ihr Gespräch bald verworren und oberflächlich.

Sollten Sie sich selbst noch mehr überraschen und zu kreativerem Denken herausfordern wollen, dann widmen Sie sich den *kreativen Aufgaben*. Im Anschluss an jede Geschichte finden Sie eine, manchmal auch zwei oder drei davon. Diese ermuntern Sie beispielsweise dazu, sich ein anderes Ende für eine Geschichte auszudenken, oder eine Geschichte zu einem Rezept, einer Einkaufsliste oder einem Monolog einer Figur in der Geschichte umzuschreiben. Auch unser kreatives Gehirn darf ruhig hin und wieder mit Hilfe einer lustigen, spielerischen Aufgabe stimuliert werden, bei der man gleichzeitig etwas über sich selbst, seine eigenen Vorlieben und Gedanken lernen kann. Die kreativen Aufgaben sind vielleicht nicht unbedingt philosophisch, aber sie helfen Ihnen doch, andere gedankliche Wege zu beschreiten, mehr Optionen zu sehen und kreativer, überraschender und spannender zu denken.

# 6

# KONTEXT: WANN UND MIT WEM KÖNNEN SIE MIT DIESEM BUCH PHILOSOPHIEREN?

»Es ist nicht genug, zu wissen, man muß auch anwenden; es ist nicht genug, zu wollen, man muß auch tun.«
Johann Wolfgang von Goethe

»Elke, was für ein Buch schreibst du nun genau? Ist es für Kinder oder für Erwachsene?« Diese Fragen bekam ich in der Vergangenheit regelmäßig zu hören. Als ich damit anfing, dachte ich manchmal selbst, dass dieses Buch ein Kinderbuch sein könnte. Am Ende ist es das aber nicht geworden. Geschichten eignen sich schließlich für Menschen jeden Alters. Wir »Erwachsenen« verlieren uns vielleicht häufiger in Romanen oder Netflix-Serien als in Bilderbüchern mit kurzen Geschichten und Märchen, meiner Meinung nach macht das aber keinen Unterschied.

Dieses Buch richtet sich daher an alle, die Mut und Lust dazu haben, ihr Denken durch die darin enthaltenen Geschichten zu vertiefen, zu hinterfragen und zu bereichern. Ideen dazu, wie dieses Buch verwendet werden kann, und wann und mit wem man damit arbeiten kann, habe ich natürlich auch.

## Ganz allein

Manchmal ist es schön, sich für eine Weile zurückzuziehen und in seinem eigenen Kopf auf Entdeckungsreise zu gehen, ohne dass sich andere einmischen. Wir reflektieren oft, indem wir Gedanken in ein Notizbuch schreiben. Das kann sicherlich Früchte tragen, es kann aber auch ein wenig beliebig sein. Wenn Sie sich einer Geschichte aus diesem Buch widmen, können Sie Ihr Denken gezielt untersuchen. Vielleicht begegnet Ihnen am Arbeitsplatz oder in Ihrer Familie etwas, über das Sie nachdenken möchten. Blättern Sie dann zur Themenliste am Ende des Buches und schauen Sie nach, in welchen Geschichten dieses Thema vorkommt. Lesen Sie sich die Geschichte in aller Ruhe durch und wählen Sie die dazugehörigen Fragen aus, die Sie ansprechen. Schreiben Sie Ihre Gedanken dazu auf und hinterfragen Sie diese anschließend.

Haben Sie Lust, Ihre Kreativität zu entfalten? Dann wählen Sie eine der kreativen Aufgaben aus und machen Sie sich damit ans Werk. Auf diese Weise können Sie Ihr eigenes Denken in aller Ruhe erforschen, entwickeln und schärfen.

## Mit Ihrer Familie

Manches Gespräch am Esstisch läuft ungefähr so ab: »Wie war es in der Schule?« »Gut.« »Was hattest du heute?« »Mathe. Und Deutsch. Und Tarik hat sein Referat gehalten, das war sehr gut.«

In Trainings und Workshops fragen mich Eltern oft, wie sie Gespräche mit ihren Kindern oder Teenagern vertiefen können. Sie möchten so gern wissen, was ihr Kind über bestimmte Dinge denkt, wissen aber nicht recht, wie sie das herausfinden können. In einem solchen Fall helfen Ihnen die Geschichten in diesem Buch.

Lesen Sie vor dem Schlafengehen eine Geschichte vor und fragen Sie Ihre Kinder nach ihren Erfahrungen mit dem Thema oder nach ihrer Meinung über die Figuren, die darin vorkommen. Oder lesen Sie vor dem Abendessen eine Geschichte vor und stellen Sie dem Rest der Familie eine Frage dazu. Geben Sie selbst noch keine Antwort, sondern seien Sie vor allem neugierig, was Ihre Kinder dazu zu sagen haben. Fragen Sie nach und animieren Sie sie dazu, einen kleinen Schritt weiter zu denken. Ich garantiere Ihnen, dass Sie lustige und überraschende Gespräche haben werden.

Ich kenne eine Frau, die zwei Kinder im Teenageralter zu Hause hat. Jede Woche sucht sie eine neue philosophische Frage aus und heftet sie an die Tür des Kühlschranks. Im Laufe der Woche gibt es dann hin und wieder Momente – oft bei den Mahlzeiten –, in denen die Familie über die Frage nachdenkt. Immer wieder kommt es vor, dass eines der Kinder ein Gespräch mit dem Satz beginnt: »Mama, ich habe gerade darüber nachgedacht, was du gestern darüber gesagt hast, ob man immer die Wahrheit sagen sollte oder nicht. Ich glaube, dass es sich doch ein bisschen anders verhält, als wir gestern gesagt haben.«

## Im Klassenzimmer

Wenn Sie vor einer Klasse stehen, arbeiten Sie vielleicht ohnehin schon viel mit Geschichten: Sie lesen sie vor, spielen sie nach, lassen die Kinder eine Fortsetzung erfinden oder ihre eigene Geschichte schreiben.

Die Geschichten und Fragen in diesem Buch lassen sich sehr gut für ein philosophisches Gespräch im Unterricht nutzen. Lesen Sie eine Geschichte vor und lassen Sie die Kinder selbst darüber nachdenken.

Über das Philosophieren mit Kindern habe ich mit Fabien van der Ham, einer Expertin für Kinderphilosophie, gesprochen. Fabien selbst wurde von ihren eigenen Kindern zum Philosophieren gebracht. Ihr Sohn stellte seine erste philosophische Frage, als er erst drei Jahre alt war. Nachdem sein Großvater gerade gestorben war, fragte er sie: »Wenn der Himmel voll ist, kommt man dann wieder auf die Erde zurück?«

Mittlerweile hat sich Fabien auf das Thema spezialisiert und philosophiert mit Kindern ab dem Kindergartenalter. Sie sagt: »Kinder sind eigentlich bessere Philosophinnen und Philosophen als Erwachsene. Sie sind in ihrem Wissen und ihren Überzeugungen noch nicht so eingerostet und trauen sich noch, wirklich frei nachzudenken und Ideen zu untersuchen.«

Ich gab ihr eine Reihe der Geschichten aus dem Buch und bat sie um Tipps, wie man mit Kindern auf der Grundlage der Geschichten philosophieren könnte. Die hatte sie: »Bei einem philosophischen Gespräch mit Kindern ist es noch wichtiger, dass man als Gesprächsleitung eine neutrale Position einnimmt. Denn wenn man seine eigene Ansicht durchblicken lässt, hören die Kinder auf zu denken. Dann glauben sie, dass deine Idee die richtige Antwort ist. So werden Kinder schließlich gedrillt: Die Erwachsenen wissen Bescheid.«

Fabien gab mir noch einen guten subtilen Tipp dazu, wie man es anstellt, in philosophischen Gesprächen nicht inhaltlich zu lenken: »Man sollte sich bewusst machen, dass man mit einem Kompliment eigentlich auch etwas über seine eigene Meinung zu erkennen gibt. Beispielsweise wenn

Sie sagen: ›Was für eine schöne Antwort.‹ Solche Komplimente führen oft zu sozial erwünschten Äußerungen. Vielleicht sind das sogar Antworten, die man hören möchte, aber sie entsprechen oft nicht dem, was die Kinder wirklich denken. Dann hat man die Kinder nicht wirklich zum Nachdenken gebracht.«

Wie aber bringt man Kinder dann zum Nachdenken?

Mit den folgenden vier Tipps kommt man Fabiens Ansicht nach schon ein ganzes Stück weiter:

1. **Stellen Sie sich dumm.** Eine unwissende Haltung ist am besten. Besonders kleine Kinder lieben es, Erwachsenen zu erklären, wie die Welt ihrer Meinung nach funktioniert. Es ist eine Rolle, die man am besten ein wenig einüben sollte, zumal sich eine so unwissende Rolle für viele Menschen etwas fremd anfühlt.
2. **Seien Sie neugierig.** Wenn Sie ehrlich neugierig darauf sind, wie Kinder denken, werden Ihnen die Fragen viel leichter einfallen. Das gelingt Ihnen am besten, wenn Sie Ihr eigenes Ego und Ihre eigenen Überzeugungen eine Weile über Bord werfen. Lassen Sie sich von den Gedanken der Kinder überraschen. Wer weiß, vielleicht gerät dadurch auch Ihr eigenes Denken wieder in Bewegung.
3. **Fragen Sie nach.** Holen Sie das Letzte aus den Gedanken heraus! Dieser Ratschlag hat vielleicht einen negativen Beige-

schmack, aber für ein gutes philosophisches Gespräch ist das wesentlich. So verhindert man, dass das Gespräch in ein Wirrwarr von Meinungen ausufert, zumal die Meinung selbst meistens nicht interessant ist, wohl aber der Weg, auf dem man zu ihr gelangt ist. Stellen Sie also Fragen wie:

- Woher weißt du das?
- Wer bestimmt das?
- Ist das immer so?
- Kannst du dafür ein Beispiel geben?
- Gibt es dafür eine Regel?

4. **Ändern Sie Ihre Perspektive.** Betrachten Sie mal ein Thema gemeinsam mit einem Kind aus einem völlig anderen Blickwinkel. Sie können die Welt getrost auf den Kopf stellen. Das habe ich in den Geschichten in diesem Buch versucht, aber man kann natürlich ruhig noch einen Schritt weiter gehen. Betrachten Sie ein Thema beispielsweise aus der Perspektive eines Tieres, einer Königin, eines Bundeskanzlers, eines Kassierers oder einer Bäuerin. Was würden sie dazu sagen? Untersuchen Sie dabei immer die Gegenmeinung, auch wenn sie nicht spontan geäußert wird.

## In Organisationen

Vor einiger Zeit unterhielt ich mich mit Milena, die an einem meiner Workshops teilnahm. Sie arbeitete bei einer großen Bank in einem kleinen und netten Team. Sie erzählte: »Früher haben wir mit unserem Team immer montags eine ›Wie geht es dir?‹-Runde abgehalten. Wir tauschten uns darüber aus, wie das Wochenende gelaufen war. Die eine hatte schlecht geschlafen, ein anderer freute sich auf die Woche, und wiederum ein anderer machte sich Sorgen um seine Mutter. Daran war an sich nichts auszusetzen, es lief gut. Aber nach ein paar Wochen schlief es doch ein, obwohl wir alle das Gefühl hatten, dass mehr daraus werden könnte. Dann begannen wir, mit anderen Formen zu experimentieren: Statt mit der Frage ›Wie geht es dir?‹ befassten wir uns jede Woche mit einer anderen, die Fantasie anregenden Frage. Und das war ehrlich gesagt viel lustiger und interessanter. Die Teammitglieder waren am Montagmorgen ›engagierter‹, und die Ideen und Diskussionen wurden manchmal auch in der Mittagspause noch fortgesetzt. Als wir bei der jährlichen Evaluation fragten, was wir als Team für wichtig und wertvoll hielten, stand die Fragerunde am Montagmorgen bei vielen auf dem ersten Platz.«

In Organisationen muss nachgedacht werden. Viel, oft und meistens auch noch gemeinsam. Das läuft nicht immer reibungslos: In vielen Meetings geht es darum, andere von der eigenen Sichtweise zu überzeugen. Zeit, um Ideen und Vorannahmen sorgfältig zu durchleuchten, wird oft nicht eingeräumt; schließlich müssen Entscheidungen getroffen werden, und dafür haben wir manchmal nur eine Stunde zur Verfügung.

Wie wäre es nun, wenn man zu Beginn der Sitzung nicht die Tagesordnung durchgehen, sondern eine der Geschichten und eine philosophische Frage nutzen würde, um einmal gemeinsam über wichtige Themen und Probleme für die Organisation nachzudenken? Was verstehen wir denn eigentlich unter Zusammenarbeit? Warum wollen wir unser Unternehmen nachhaltiger machen? Was bedeutet »Eigenverantwortung« für uns? Auf andere Weise miteinander ins Gespräch zu kommen, führt auch zu einer anderen Denkweise und damit zu anderen Ergebnissen.

Ich habe den Organisationsphilosophen Ben Kuiken gefragt, wie er vorgehen würde, um in Organisationen auf der Grundlage von Geschichten zu philosophieren. Ben hat das Buch *De Organisatiefilosoof* (*Der Organisationsphilosoph*) geschrieben. Er hilft Menschen in Organisationen, anders zu denken, einen anderen Blick zu entwickeln und anders über die reale Situation in der Organisation zu sprechen. Auch ihm habe ich eine Reihe von Geschichten geschickt – mit der Frage, wie Organisationen davon profitieren könnten. Wie könnten sie das angehen? Welche Auswirkungen könnte das haben? Er sagte: »Die Geschichten in diesem Buch zeigen uns ein anderes Bild der Realität, und das kann einen ohne Weiteres zum Nachdenken bringen – zum Nachdenken über die Dinge, die man als selbstverständlich erachtet. Auch (oder gerade) in Organisationen.« Bens Ansicht nach wimmelt es in Organisationen nur so von Selbstverständlichkeiten: »Man stolpert auf Schritt und Tritt über sie: in Meetings, in offiziellen Dokumenten, in Funktionsbeschreibungen. Dabei geht es um Themen wie Verantwortlichkeiten, um Aufgaben, darum, was man noch besser machen kann und muss. Schneller, billiger, intelligenter ... Dieser Druck und Zwang können einem ganz schön zusetzen. Aber wenn man dann mal darüber nachzudenken beginnt: Was ist das eigentlich, Verantwortung? Was ist eine Funktion? Warum muss etwas eigentlich ›besser‹ werden?«

Ben warnt mit einem Augenzwinkern davor, dass das Trainieren unserer Denkfähigkeiten und das gemeinsame Philosophieren zu einem gewissen Ergebnis führen könnten, an dem die Organisation nicht unbedingt interessiert ist: zu autonomen und kritisch denkenden Mitarbeitenden. In Anlehnung an die Aussage des US-amerikanischen Geschäftsmannes William McKnight »*If you put fences around people, you get sheep*« sagt er: »Wenn man erst einmal anfängt, über wesentliche Fragen gemeinsam nachzudenken, tja, dann hält dem kein Zaun mehr Stand. Dann laufen die Schafe einfach auf die andere Seite, auf die grüneren Weiden. ›Aber das ist nicht in unserem Sinne‹, sagen die, die die Schafe hüten (die sich selbst Manager, Managerinnen oder Führungskräfte nennen). ›Wir hatten doch eine solide Strategie entworfen, nach der ihr zuerst dieses Stück Weide abgrasen solltet, und dann, nachdem ihr euch nach Kräften darum bemüht habt, als Belohnung auf die grünere Weide gedurft hättet.‹

›Nun, diese Strategie könnt ihr euch sonst wohin stecken‹, sagen die Schafe dann, die nun keine Schafe mehr sind, sondern vernünftig denkende, erwachsene Menschen, die philosophiert haben. Sie betrachten nun die Realität in einer Organisation anders und denken und sprechen anders darüber. Sie sehen die Dinge plötzlich aus einer vollkommen anderen Perspektive.«

## Mit Freundinnen und Freunden

Nichts ist schöner als ein Abend mit Freundinnen und Freunden, gutem Wein, leckerem Essen und einem guten Gespräch. Auf dem Markt gibt es viele Kartensets, die dabei helfen können – sie alle bieten Anregungen für Gespräche, mit denen man sich einen großartigen Abend machen kann. Dieses Buch kann die gleiche Funktion erfüllen. Lesen Sie gemeinsam eine Geschichte und tauschen Sie Ihre Gedanken, Erfahrungen und Ideen dazu aus. Machen Sie den anderen die Hölle heiß und lassen Sie sich selbst befragen. Das wird Ihnen garantiert einen überraschenden, anregenden und verbindenden Abend bescheren.

## Im Zwiegespräch

Was man in der Gruppe macht, kann man natürlich auch zu zweit tun. Schauen Sie sich eine Geschichte mit einem Freund oder einer Freundin an, und erforschen Sie sowohl Ihre eigene Gedankenwelt als auch die des anderen. Sind Sie Psychologin, Psychologe oder Coach oder haben Sie eine philosophische Praxis? Auch dann können Sie die Geschichten und Fragen sehr gut nutzen, um Ihre Klientinnen und Klienten zu inspirieren oder ihr Denken zu untersuchen.

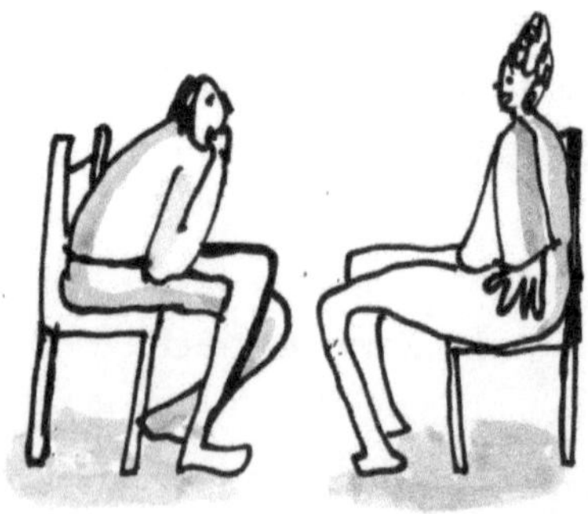

# 7

# STUFENPLAN FÜR EIN PHILOSOPHISCHES GESPRÄCH

» ... verlaßt Euch drauf, daß Ihr durch mich noch ganz glücklich werden sollt.«

Der gestiefelte Kater

Ein philosophisches Gespräch kann einen Anfang, eine Mitte und ein Ende haben. Nicht aus inhaltlichen Gründen, sondern aus praktischen Erwägungen: Es ist sinnvoll zu wissen, wann es beginnt; außerdem endet ein philosophisches Gespräch oft, wenn die Zeit um ist oder es den Teilnehmenden genug ist, und nicht, weil sie eine Antwort gefunden hätten oder sich alle einig geworden wären. Theoretisch kann ein philosophisches Gespräch ewig dauern, in der Praxis hat es jedoch oft einen Anfang, eine Mitte und ein Ende. Ein Überblick über die mögliche Struktur eines solchen Gesprächs kann hilfreich sein.

Den Ausgangspunkt für ein philosophisches Gespräch bezeichne ich als Denkanregung. Eine solche Anregung zum Weiterdenken kann ein Film sein, aber ebenso gut ein Musikstück, ein Alltagsgegenstand, ein Zitat, ein Gemälde oder – wie in diesem Fall – eine Geschichte aus diesem Buch.

Nachdem man für eine Denkanregung gesorgt hat, kann man zunächst einmal untersuchen, was man zum Thema denkt und von dieser Denkanregung hält: Spricht sie mich an oder nicht? Und warum oder warum nicht? Welche Figuren sind sympathisch und welche nicht, und warum ist das so? Was sind die bedeutsamsten Momente in der Geschichte und warum? In dieser Phase erkundet man vor allem seine eigenen subjektiven, anfänglichen Ideen zum Thema. Das ist noch kein Philosophieren, also kein kritisches, diszipliniertes oder strukturiertes Denken, aber es ist eine erste Erkundung und eine gute Aufwärmübung für die ernsthaftere Denkarbeit. Auf diese Weise nähert man sich den unterschiedlichen Themen und Begriffen, die es in der nächsten Phase strukturierter zu untersuchen gilt.

Danach kann man sich mit den Denkfragen befassen: den Fragen, die das Argumentationsvermögen und die analytischen Fähigkeiten herausfordern. Nun muss man ein Urteil über eine Figur in der Geschichte fällen, über die Situation oder das Handeln einer Figur. Dabei geht es um Fragen wie: »Ist dieses Mädchen pedantisch?« oder »Ist der Papagei eitel?«.

Anschließend kann man sich den philosophischen Fragen widmen, die mit der Geschichte in Zusammenhang stehen: »Ist es schlecht, eitel zu sein?«, »Wann ist Besserwisserei etwas Gutes?«. Philosophische Fragen sind allgemeiner Natur und enthalten mehrere Begriffe, die man untersuchen kann. Ich rate Ihnen, pro Gespräch *eine* philosophische Frage zu behandeln, das bietet Ihnen das interessanteste Denkmaterial. Die Geschichte gibt dabei einen Halt, auf den man immer wieder zurückkommen kann: »Ist es in *diesem* Fall schlecht, eitel zu sein?« Durch den ständigen Wechsel, das Hin- und Herpendeln zwischen Konkretem und Abstraktem, gewinnt der Dialog an Schärfe und Tiefgang.

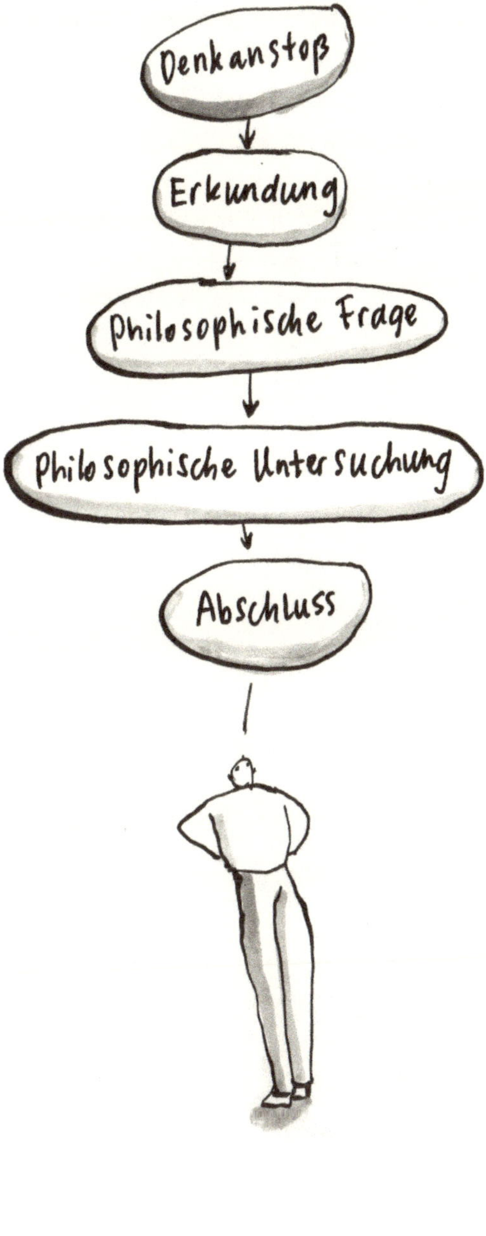
Denkanstoß
Erkundung
Philosophische Frage
Philosophische Untersuchung
Abschluss

Beenden kann man ein philosophisches Gespräch natürlich, wann und wie man will. Philosophische Gespräche enden daher selten, weil »wir nun die Antwort gefunden haben«, sondern vor allem aus praktischen Gründen: Die Zeit ist um, die Energie ist verbraucht, die Konzentration ist weg, die Teilnehmenden haben Hunger oder Lust auf ein Bierchen. In dem Fall ist es schön und bereichernd, mit einer kleinen Reflexionsrunde zu schließen: Welche neuen Einsichten haben die Teilnehmenden aus diesem Gespräch gewonnen? Denken sie jetzt anders darüber als vorher? An welchen Punkten ist ihr Denken gelenkiger geworden?

# 8

# BEHAUPTUNGEN, ARGUMENTE UND DENKFEHLER

»Dann solltest du sagen, was du meinst.«

Märzhase, *Alice im Wunderland*

## Behauptungen

Wenn man ein philosophisches Gespräch, welcher Art auch immer, führen möchte, begibt man sich zunächst auf die Suche nach einer Behauptung (einer Aussage über die Wirklichkeit: »Etwas ist X«) und einem Argument (»Etwas ist X, weil Y«). Ohne Behauptungen und Argumente gibt es wenig zu untersuchen. Behauptungen sind zum Beispiel:

- Die Regierung ist lasch.
- Anna ist eine schlechte Freundin.
- Henry ist eitel.
- Die Prinzessin ist verwöhnt.

Für diese Behauptung hat man normalerweise Gründe oder Argumente, mit denen man unterstreicht, dass man meint, was man sagt. Und die möchte man explizit machen, um sie anschließend auf den Prüfstand zu stellen und zu hinterfragen. Daher sollten Sie Ihre Behauptungen klar und deutlich formulieren und mit einem oder mehreren Argumenten flankieren.

Zum Beispiel:

- Die Regierung ist lasch, weil sie alles Mögliche verspricht, aber nichts davon hält.
- Anna ist eine schlechte Freundin, weil sie a) immer zu spät kommt, b) über mich lästert und c) mich belügt.
- Henry ist eitel, weil er die meiste Zeit des Tages damit zubringt, sich Gedanken über sein Aussehen und darüber, wie er auf andere wirkt, zu machen; er schaut ständig in den Spiegel und kämmt sich andauernd seine Haare. Außerdem fragt er ständig: »Wie sehe ich aus?«

Das sind Behauptungen und Argumente, die sich prüfen und hinterfragen lassen: Was verspricht die Regierung und was davon hält sie nicht? Inwiefern sagt eine Verspätung etwas darüber aus, dass man eine »schlechte Freundin« ist? Wie viel kann man sich um sein Äußeres kümmern, ohne als »eitel« zu gelten?

Es ist wichtig zu beachten, dass die Aussagen objektiv und nicht subjektiv formuliert sind. »Ich habe das Gefühl, dass Anna eine schlechte Freundin ist« ist keine Aussage über die Wirklichkeit. Es ist eine persönliche Bemerkung über ein Gefühl, und das lässt sich nicht infrage stellen. Oftmals bringen wir unsere Meinung auf diese Weise vor, damit wir den Gedanken, der dahintersteckt (Anna *ist* eine schlechte Freundin), nicht formulieren müssen. Damit wir weder dafür verantwortlich gemacht, noch dazu befragt werden können. Sobald in einem philosophischen Gespräch also jemand einen Satz mit »Meiner Meinung nach«, »Ich denke, dass« oder »Ich habe das Gefühl, dass«, »Man könnte sagen, dass« beginnt, sollten Sie zuerst versuchen, eine klare Behauptung auf den Tisch zu bekommen, bevor Sie das Gespräch fortsetzen.

## Argumente

Nicht jede Äußerung ist gleich ein gutes, stichhaltiges Argument. Wir produzieren manchmal Argumente von der Stärke eines Haargummis, weil wir nicht gelernt haben, solide zu begründen und zu argumentieren. Über Argumente und Argumentationsfehler sind ganze Bücher geschrieben worden; und wenn man sich in die unterschiedlichen Trugschlüsse vertieft, lernt man, wie Logik funktioniert.

Nur selten machen wir so starke, normative Aussagen, dass sie gleich als Scheinargumente erkannt werden können. In der Regel nuancieren wir sie gerade so weit, dass sie keine Schein-, sondern akzeptable Argumente sind. Dennoch halte ich es für sinnvoll, dass wir uns mit Scheinargumenten befassen. Indem wir sie bei uns selbst wie bei anderen erkennen, schärfen wir jedenfalls unser Denken.

Um Ihnen den Einstieg zu erleichtern, habe ich im Folgenden zehn häufige Argumentationsfehler aufgelistet:

1. **Der Zirkelschluss.** »Toby ist faul, weil er nichts tut.« Oder: »Ich finde Paul nicht nett, weil ich ihn einfach nicht mag.« Hier sagt man zweimal das Gleiche mit anderen Worten.
2. **Das anekdotische Argument.** »Rauchen ist nicht schlecht; meine Großmutter rauchte eine Packung am Tag und wurde dreiundneunzig Jahre alt!« Hier wird ein Einzelfall als Beweis

für eine allgemeine Aussage herangezogen. Das geht natürlich nicht. Rauchen ist schlecht; dass man auf einen Ausnahmefall verweisen kann, in dem eine Raucherin zufällig sehr alt wurde, ändert daran nichts.

3. **Eine falsche Ursache-Wirkungsrelation.** »Seit wir neue Nachbarn haben, schlafe ich schlechter. Also schlafe ich wegen der neuen Nachbarn schlechter.« Es gibt Dutzende andere Gründe, warum Sie vielleicht schlecht schlafen; es muss nicht unbedingt an den Nachbarn liegen.
4. **Umgehung der Beweislast.** »Dafür muss ich doch keine Argumente geben! Das ist einfach so.« So etwas hört man oft, wenn jemandem die Argumente ausgehen, wenn jemand also an die Grenze seiner »Gewissheit« gekommen ist, dort, wo Gewissheit in Nichtwissen übergeht. Gerade dann ist es interessant, die Suche fortzusetzen, dadurch erweitert sich das eigene Denken.
5. **Ein falsches Dilemma.** »Wenn man keine linke Partei wählt, dann wählt man eine rechte!« Oder: »Wenn du mir nicht zustimmst, dann stimmst du Philipp zu.« In einem falschen Dilemma präsentiert man zwei Optionen so, als wären es die einzigen beiden Optionen, obwohl es in Wirklichkeit meistens mehrere gibt.
6. **Ein undifferenziertes Argument.** »Möchtest du Möhren oder Brokkoli?« »Ich möchte Möhren, denn die sind gesund.« Die Eigenschaft »gesund« trifft auf Brokkoli genauso zu, also bietet das Argument keine Differenzierung.
7. **Dammbruchargument:** »Wenn ich Ihnen einen Preisnachlass gewähre, steht bald die ganze Stadt vor meiner Tür.« Oder: »Wenn wir die Homo-Ehe zulassen, werden die Leute bald auch Tiere heiraten wollen, und das müssen wir dann wohl auch erlauben.« Die Tatsache, dass A der Fall ist, bedeutet natürlich nicht unbedingt, dass dann auch B der Fall sein wird.

8. **Persönlicher Unglaube.** »Ich kann mir nicht vorstellen, dass die Prinzessin an dieses ›Und sie lebten glücklich bis ans Ende ihrer Tage‹ geglaubt hat, also hat sie das auch nicht.« Oder: »Ich kann mir nicht vorstellen, dass Mareike das weitertratschen würde, also hat sie das auch nicht getan.« Nur weil man sich etwas nicht vorstellen kann, heißt das nicht, dass es nicht so ist.
9. **Es kann immer noch schlimmer kommen.** »Es ist sehr unangenehm, wenn man zur *Tafel* gehen muss, um etwas zu essen zu bekommen. Aber was denkst du, wie es erst den Menschen in Afrika geht? Die haben es wirklich schwer.« Im Englischen wird diese Argumentationsweise auch *Whataboutism* genannt. Es ist ein einfacher Weg, um die Aufmerksamkeit von Thema A auf Thema B zu lenken, obwohl diese Themen oft wenig miteinander zu tun haben.
10. **Die Art und Weise.** »Ich bin voll und ganz Ihrer Meinung, nur die Art und Weise, wie Sie es sagen, ist falsch.« Darauf folgt häufig ein Monolog darüber, wie jemand etwas gesagt hat, statt auf den Inhalt einzugehen.

# 9

# GRUNDWERKZEUGE – NÜTZLICH, UM EIN PHILOSOPHISCHES GESPRÄCH ZU BEWÄLTIGEN

»Auch Wunder brauchen ihre Zeit.«

Gute Fee, *Cinderella*

Sie haben nun eine Vorstellung davon, was Sie mit den verschiedenen Fragetypen nach jeder Geschichte anfangen können, und Sie haben Ihren Werkzeugkasten bereits mit einigem Wissen und einer Reihe von Hintergrundinformationen über klare Aussagen, Argumente und Denkfehler gefüllt. Doch es gibt noch mehr Hilfsmittel, die Ihnen beim Philosophieren gute Dienste leisten können.

**Seien Sie sich des Gesprächsfokus' bewusst: Es geht darum, weiser zu werden.** Während man in einer Debatte oder Diskussion oft den Sieg davontragen oder überzeugen will, zielt ein philosophisches Gespräch vor allem auf eine einzige Sache ab: weiser zu werden. Darauf, neue Einsichten, neue Differenzierungen in Bezug auf die Begriffe, die in einem Gespräch eine Rolle spielen, zu erlangen. Es geht nicht darum, seine Meinung kundzutun, und man will auch nicht unbedingt, dass andere diese Meinung übernehmen. Es geht vor allem darum, das eigene Denken und das der anderen zu hinterfragen.

**Bestimmen Sie eine Gesprächsleitung.** Philosophieren Sie mit einer größeren Gruppe, die aus vier oder mehr Personen besteht? Dann bestimmen Sie eine Gesprächsleitung. Diese befasst sich nicht mit dem Inhalt des Gesprächs und teilt ihre eigenen Ideen auch nicht mit der Gruppe. Die einzige Aufgabe der Gesprächsleitung besteht darin, aufmerksam zuzuhören und darauf zu achten, dass die Gesprächsregeln eingehalten werden. Die Gesprächsleitung achtet darauf, ob das Gespräch noch philosophisch ist (Wird noch nachgedacht oder geht es bloß um einen Austausch subjektiver Meinungen? Werden Fragen gestellt oder hauptsächlich Anekdoten ausgetauscht?), und sie stellt Fragen, um das Denken der Gruppe zu stimulieren.

Ohne eine Gesprächsleitung kann sich das Philosophieren schwierig gestalten, besonders wenn die Gruppe unerfahren ist. In neun von zehn Fällen versandet das Gespräch dann in einer abstrakten Diskussion über allgemeine Begriffe oder in einem Austausch persönlicher Erfahrungen. Die Teilnehmenden könnten sich auch darauf versteifen, sich gegenseitig von der Richtigkeit ihrer eigenen Meinungen zu überzeugen. Oder die Geschwätzigen dominieren das Gespräch mit ellenlangen Monologen, während sich die Stilleren immer weiter zurückziehen. Indem man eine Gesprächsleitung benennt, können diese Fallstricke vermieden werden. Eine Gesprächsleitung kann die Teilnehmenden bei-

spielweise dazu auffordern, sich gegenseitig zu befragen, sie kann sie bitten, ihren eigenen Standpunkt in *einem* Satz zusammenzufassen, sie kann sie bitten, ein Argument für eine Behauptung zu nennen, und sie kann sie auch dazu auffordern, den Standpunkt eines anderen wiederzugeben.

**Sprechen Sie kurz und bündig.** Jeder kennt das Phänomen: Sie befinden sich in einem Meeting, einem Training oder einem Workshop, und jedes Mal, wenn Patrick das Wort ergreift, beginnen die Leute, unruhig hin und her zu rutschen. Es wird etwas auf einen Zettel gekritzelt, Mareike greift heimlich zu ihrem Smartphone, um eine Nachricht zu verschicken, Klaas überprüft kurz, ob seine Pfefferminzbonbons noch in seiner Hosentasche sind. Patrick ist ziemlich langatmig, die anderen wissen das – und klinken sich aus. Oder schlafen ein. Oder ärgern sich.

Lange Monologe, die mit vagen Begriffen gespickt sind, haben nicht den geringsten Sinn. Kurz und bündig zu sprechen, fällt vielen Menschen schwer. Oft fangen wir einfach an, irgendwas zu plappern, und strukturieren unsere Gedanken erst beim Reden. Für den Sprechenden ist das zwar angenehm, aber die Zuhörenden müssen sich dabei ziemlich viel Dahergeredetes anhören, denn meistens kommt der Sprechende erst am Ende einer wirren Erzählung auf den Punkt. Bei Trainings und Workshops sagen die Teilnehmenden manchmal: »Ja, ich kann wirklich nicht kurz und bündig sprechen, ich muss einfach laut nachdenken.« »Das verstehe

ich«, lautet dann meine Antwort. »Aber mit diesem lauten Nachdenken sollten Sie nicht unbedingt Ihrem Gesprächspartner oder Ihrer Gesprächspartnerin auf die Nerven gehen. Er oder sie hat nichts davon und kann nichts damit anfangen. Sie verwässern damit nur Ihre Erzählung.« Nehmen Sie sich daher Zeit, um für sich genau zu formulieren, was Sie sagen möchten, und sagen Sie es dann auch – in maximal zwei oder drei Sätzen.

**Verlangsamen Sie.** Unsere alltäglichen Unterhaltungen verlaufen oft in superschnellem Tempo. Sagt mein Gegenüber etwas, habe ich schon beim zweiten Satz eine eigene Assoziation, und oft bringe ich diese Assoziation auch sofort ein. Woraufhin meine Gesprächspartnerin oder mein Gesprächspartner nachdenkt, was er oder sie davon hält, und das auch wieder einbringt.

Philosophische Gespräche sind viel langsamer, als wir es gewohnt sind, und das ist für die Teilnehmenden oft gewöhnungsbedürftig. Wenn man wirklich nachdenken will, dann muss man hin und wieder tatsächlich … nachdenken. Oft denken und sprechen wir gleichzeitig. Dabei kommen wir manchmal vom Hölzchen aufs Stöckchen, was die Dinge in aller Regel nicht klarer macht. Verlangsamen bedeutet buchstäblich: sich etwas Bedenkzeit nehmen, damit Sie Ihre Worte sorgfältig wählen und Ihre Frage so klar wie möglich formulieren können. Manchmal bedeutet es, für eine kurze Zeit einfach nur zu schweigen, nachdem Ihnen jemand eine Frage gestellt hat. Stille wird manchmal als unangenehm oder un-

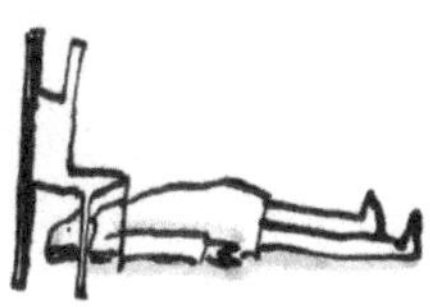

erwünscht wahrgenommen, aber das würde ich sicherlich nicht tun. Betrachten Sie diese Stille als Denkraum, der es Ihnen ermöglicht, Ihre Reaktion sorgfältig zu formulieren. Je mehr Verlangsamung zu einer Gesprächsgewohnheit wird, desto besser wird es Ihnen gelingen, gemeinsam mit anderen zu philosophieren.

**Hören Sie aufmerksam und analytisch zu.** Normalerweise hören wir ziemlich schlecht zu. Wir sind – oft unbewusst – ständig damit beschäftigt, das, was andere sagen, nur als Aufhänger zu benutzen, um zu ergänzen, was sie wahrscheinlich meinen, und dann unsere eigene Geschichte, Meinung oder Idee dagegenzuhalten. Im Kopf sind wir schon mit unseren eigenen Fragen beschäftigt: »Bin ich damit einverstanden? Wie würde ich damit umgehen? Was sollte er oder sie meiner Meinung nach hier tun?« Unsere eigenen Gedanken zu den Ausführungen anderer und unsere Assoziationen dazu sprudeln unentwegt weiter und sind kaum zu stoppen.

Das hat zur Folge, dass wir zunehmend damit beschäftigt sind, unsere eigenen Ideen und Meinungen von uns zu geben (und, wenn es hartnäckige Meinungen sind, sie auch zu wiederholen), anstatt zu versuchen, uns in das Denken und die Welt der anderen zu vertiefen.

In einem philosophischen Gespräch zuzuhören, bedeutet etwas anderes. Man versucht nicht, so gut wie möglich zu verstehen, was der andere wahrscheinlich meint, füllt nicht die Lücken aus, denkt nicht mit. Stattdessen hört man analytisch und oberflächlich zu und achtet auf die Sprache, die jemand verwendet oder eben nicht. Man nimmt die Worte der anderen also sehr wörtlich. Man fragt sich, was die anderen mit den Wörtern, die sie benutzen, genau meinen, wie Argument X mit Y zusammenhängt, wann genau Z der Fall ist, und was der Unterschied zwischen Begriff A und B ist.

Wenn Sie dann fragen, was genau die anderen mit Begriffen wie »lasch«, »Sicherheit« oder »Zusammenarbeit« meinen, oder was ihre

Hauptargumente für die Behauptung sind, dass …, werden sie dazu herausgefordert, klar zu erklären, wie das alles zusammenhängt. Sehr oft sind Gesprächspartnerinnen und -partner nicht auf Anhieb dazu in der Lage: Bis dahin haben sie nämlich oft ihr eigenes Steckenpferd geritten und das gesagt, was ihnen zuvor schon klar war. Die Leute fragen einander selten nach einer soliden Untermauerung dessen, was sie gerade behauptet haben. Tut man das jedoch, sorgt das für Freiraum im Denken und geistige Gelenkigkeit. Der andere kann dann tatsächlich zu einem Schleifstein für das eigene Denken werden. Aber dazu muss man beginnen zuzuhören, um zu untersuchen, statt zuzuhören, um zu reagieren.

**Fragen Sie mehr, als Sie behaupten.** Wie viele Fragen stellen Sie durchschnittlich in einem Gespräch? Damit meine ich echte Fragen, also keine Hypothesen, Meinungen, Ratschläge oder eigenen Ideen, hinter die man ein Fragezeichen setzt. Die meisten Menschen stellen kaum Fragen, viel weniger, als sie annehmen. In einem philosophischen Gespräch will man mehr Fragen stellen als Antworten geben. Besonders wenn man mit einer größeren Gruppe philosophiert, ist es sinnvoll, darauf zu achten: Stellen Sie anderen Fragen? Oder sind Sie mit dem beschäftigt, was Sie selbst eigentlich sagen wollen?

Diese Gesprächsregel kann Ihnen helfen, sich daran zu erinnern, wenn Sie dazu neigen, viele Antworten zu geben und Ihre eigenen Ideen einzubringen.

**Dominosteine: eine Frage, eine Antwort.** Achten Sie darauf, dass Sie der Frage, die Ihnen jemand anderes stellt, aufmerksam zuhören, und beantworten Sie dann auch *diese* Frage, und *nur* diese Frage. Sehr oft versuchen wir, eine Frage zu beantworten, die gar nicht gestellt worden ist. Wir geben mehr Antworten als nötig oder schweifen von der Frage ab, weil unser *monkey mind* fröhlich drauflos tanzt. Wenn ich frage: »Um wie viel Uhr gehst du nach Hause?«, und meine Mutter sagt: »Nach dem Essen«, weiß ich immer noch nicht, welche Zeit sie meint.

Die Gesprächsregel »eine Frage, eine Antwort« hilft Ihnen, so konkret wie möglich zu sein, den Dialog einfach zu halten und wirklich miteinander, statt nebeneinander herzudenken. Wenn einer oder eine der Teilnehmenden eine Ja/Nein-Frage stellt, dann sollten Sie auch nur mit Ja oder Nein antworten – und erst anschließend mit Ihrem Argument. Wenn eine Frage mit »wie viele« beginnt, dann antworten Sie auch mit einer Zahl. Fragt jemand »warum«, nennen Sie einen klaren Grund. Auf diese Weise entsteht ein Dialog wie bei einem Dominospiel: Dabei muss ein fünfäugiger Spielstein an einen fünfäugigen Spielstein anschließen und nicht ein Stein mit einer anderen Augenzahl. Prüfen Sie immer, ob Frage und Antwort – wie bei den Dominosteinen – zusammenpassen.

**Bleiben Sie bei einer Geschichte/einem konkreten Beispiel.** Wählen Sie *eine* Geschichte, ein Beispiel oder eine Frage als Ausgangspunkt und bleiben Sie dabei. Fügen Sie keine weiteren Geschichten, Beispiele oder Anekdoten hinzu, da Sie sonst Gefahr laufen, dass bald acht Beispiele und persönliche Erfahrungen auf dem Tisch liegen, die Sie untersuchen können.

Für *ein* Beispiel oder *eine* Geschichte sollten Sie allerdings unbedingt sorgen, denn ohne konkreten Fall oder konkrete Geschichte wird das Gespräch schnell abstrakt. Wenn eine Gruppe beispielsweise ein philosophisches Gespräch über die Frage »Was bedeutet es, zu helfen?« führen möchte, und dabei nicht von einer fiktiven Geschichte, sondern von einer wahren Begebenheit ausgeht, wäre mein Tipp: Bleiben Sie dann beispielsweise nur bei der Situation von Karla, die sagt: »Am Dienstag letzter Woche um halb sechs habe ich meinem Sohn dabei geholfen, ein Bewerbungsschreiben zu verfassen. Er kam nicht damit zurecht, es dauerte sehr lange, und letztendlich habe ich den Brief einfach selbst von Anfang bis Ende für ihn geschrieben, während er Computerspiele gespielt hat.« Sie bleiben bei dieser einen Situation und fragen sich: Geht es hier ums Helfen? Warum oder warum nicht? Wann hat Karla hier geholfen? Wem genau hat sie hier geholfen?

Beim Philosophieren von *einer* realen Erfahrung der Teilnehmenden, *einem* Bild, *einer* Geschichte, *einem* Gegenstand auszugehen, ist erfolgversprechender, als ohne *einen bestimmten* Ankerpunkt zu philosophieren. Das verbindet abstrakte Begriffe mit der konkreten Wirklichkeit: Wörter wie »helfen«, »Freundschaft«, »Mut« oder »Trost« ändern oft ihre Bedeutung, wenn man sie mit einer konkreten Realität verbindet. Das sorgt für Schärfe und Tiefgang im Gespräch.

**Streben Sie einen Konsens an.** Philosophieren unterscheidet sich vom Debattieren und Diskutieren unter anderem dadurch, dass man in einem philosophischen Gespräch nicht unbedingt versucht, den anderen davon zu überzeugen, dass man selbst unumstößlich im Recht ist. Das heißt aber noch nicht, dass es in einer Gruppe keine unterschiedlichen Ansichten geben würde. Ganz im Gegenteil: Das ist eigentlich fast immer der Fall. Wie geht man also mit diesen Unterschieden um, wenn man sie nicht wegwischen oder wegdebattieren kann?

Man untersucht sie und befragt sie mit dem Ziel, einen Konsens zu erreichen. Dieses Streben nach Konsens ist eigentlich der Motor eines philosophischen Gesprächs. Solange in einem Gespräch noch verschiedene Auffassungen zu erkennen sind, kann man den Dialog theoretisch fortsetzen. Gerade das unermüdliche Suchen nach feineren Differenzierungen, schärferen Definitionen und klareren Formulierungen machen uns weiser.

**Berufen Sie sich nicht auf Autoritäten.** »Die Forschung zeigt, dass …« Oder: »Der Minister hat gesagt, dass …« Das sind Aussagen, die sich im Lichte eines philosophischen Gesprächs schwerlich überprüfen lassen, *und* sie spielen hier nicht wirklich eine Rolle. Es sind an und für sich keine Aussagen über die Wirklichkeit, die wir untersuchen. Es handelt sich lediglich um die Mitteilung, dass Minister X etwas gesagt oder die Forschung Y etwas herausgefunden hat. Die Aussage »Herr Rutte sagt, dass es wegen Corona besser ist, die Kneipen und Restaurants noch nicht zu öffnen«, sagt etwas über den niederländischen Ministerpräsidenten Rutte und das, was er gesagt hat, aus, aber nichts über Ihr Denken zu diesem Thema. Herr Rutte ist überdies nicht anwesend, um seine Behauptungen und Argumente zu erklären und hinterfragen zu lassen. Wenn Sie in einem Gespräch sagen: »Wegen Corona ist es besser, das Gaststättengewerbe noch nicht zu öffnen«, dann lässt sich das allerdings durchaus hinterfragen; Sie können ja Argumente für diese Aussage liefern. In einem philosophischen Gespräch wird das Denken der

Teilnehmenden selbst untersucht, nicht das von Lehrer X, Guru Y oder Forscher Z.

**Trauen Sie sich, einen klaren Standpunkt zu beziehen.** Beim Philosophieren geht es nicht darum, recht zu haben. In der täglichen Praxis streben wir das allerdings oft (unbewusst) an.

Immer recht zu haben, ist sehr einfach: Sie produzieren bloß einen der folgenden floskelhaften Sätze und die Sache kann nicht mehr schiefgehen: »Natürlich nicht immer!«, »Es kommt darauf an!«, »Je nachdem, wie man es betrachtet«, »Ja und nein«. Damit kann man leicht punkten und hat definitiv immer recht, aber eigentlich ist es auch eine feige Art, sich selbst zu verstecken.

Wenn Sie philosophieren möchten, sollten Sie sich nicht darauf einlassen, sich solcher Ausweichtaktiken zu bedienen, und Sie sollten auch andere darauf hinweisen, wenn sie auf solche Taktiken zurückgreifen. Beim Philosophieren geht es gerade darum, sich der Frage zu stellen, statt ihr auszuweichen. Vertreten Sie also lieber einen klaren, eindeutigen und undifferenzierten Standpunkt (um später vielleicht wieder einen total anderen klaren, eindeutigen und undifferenzierten Standpunkt zu vertreten). Das bringt letztendlich mehr als sogenannte Differenzierungen.

**Nutzen Sie den Common Sense als Denkwerkzeug.** Wenn Sie den *Common Sense* praktisch einsetzen wollen, dann fragen Sie sich immer, wie eine große Gruppe (nicht nur Sie allein) über etwas denken würde. Das befreit Sie aus Ihren eigenen subjektiven Vorstellungen, es ermöglicht Ihnen, über den Tellerrand hinauszuschauen und eine breitere Perspektive als nur Ihre eigene einzunehmen. Sie können sich immer fragen: Wenn ich diese Idee oder dieses Argument hundert anderen vortragen würde, würden die dann sagen, dass sie richtig oder gerade nicht richtig ist? Was ist in diesem Fall am plausibelsten?

Wenn alle Gesprächsteilnehmenden konsequent an diese Grundsätze erinnert werden, werden sie sich ihrer auch immer bewusster. Wenn Patrick dann eine Frage stellt, die seine eigene Meinung enthält, sieht Jan das auch zu gegebener Zeit. So erinnern sie sich gegenseitig immer an die Gesprächsregeln und entwickeln auch die philosophischen Fähigkeiten, die wir hier bereits kennengelernt haben: genaues Zuhören, Verlangsamen, Nachfragen, Analysieren, Nachsicht usw.

Neben diesen Grundsätzen ist es auch hilfreich, sich Zeit für ein philosophisches Gespräch zu nehmen (zwängen Sie es nicht in fünf Minuten), eine Thematik/eine Geschichte dafür auszuwählen, die für die ganze Gruppe relevant ist, und guten Kaffee auszuschenken – legen Sie ruhig auch etwas Schokolade dazu.

## Tauchen Sie in eine Geschichte ein

Sie können dieses Buch und alle Geschichten darin von vorne bis hinten in einem Rutsch ganz zu Ende lesen. Ich rate Ihnen jedoch, es ruhig angehen zu lassen. Je nachdem, wie Sie vorgehen, wird sich Ihr Denken entwickeln: Schnelles und oberflächliches Lesen ist möglich, bringt Ihnen aber nicht so interessante Gedanken wie das Untersuchen der Themen und Fragen in der *einen* Geschichte, die Ihre Neugier geweckt hat. Setzen Sie sich gemütlich hin, machen Sie sich eine Tasse Tee und nehmen Sie sich die Zeit, *eine* Geschichte, die Sie anspricht, gründlich und detailliert zu lesen. »Kauen« Sie eine Weile auf der Geschichte herum und überlegen Sie, was Sie daran berührt hat und was nicht. Schreiben Sie auf, was Sie darüber gedacht haben und wann Ihnen welche Ideen dazu in den Sinn gekommen sind. Machen Sie sich mit den Themen, Figuren und Begriffen vertraut. Stellen Sie sich selbst eine

Frage und suchen Sie nach einer Antwort darauf. Gehen Sie langsam vor; das wird Ihrem Denken guttun. Wenn Sie eine Geschichte mit einer Gruppe besprechen, wählen Sie eine oder zwei Fragen aus, um diese gemeinsam zu untersuchen. Gehen Sie die Fragen nicht im Schnelldurchlauf durch, sondern richten Sie Ihre Konzentration und Ihren Fokus auf ein Thema. Auch für das Denken und Philosophieren gilt oft: *Weniger ist mehr.*

## Werkzeugkasten

Nach der Lektüre der vorangegangenen Kapitel haben Sie nun die folgenden Werkzeuge in Ihrem Werkzeugkasten.

1. Eine Gebrauchsanweisung für die unterschiedlichen Fragen und Aufgaben in diesem Buch
2. Eine Vorstellung davon, wo und wann Sie mit diesem Buch arbeiten können
3. Einen nützlichen Stufenplan für ein philosophisches Gespräch
4. Erkenntnisse über Behauptungen, Argumente und Denkfehler
5. Allgemeine Grundsätze und Prinzipien

Vielleicht fehlt noch *eine* Sache: sehr viel Spaß und eine gute Stimmung. Denn abgesehen davon, dass es einem viel gibt, ist Philosophieren auch eine der schönsten Beschäftigungen überhaupt. Das finde ich zumindest!

Viel Spaß!

## TEIL II

# DIE GESCHICHTEN

In denen die Stille Raum sucht, Dornröschen sich als faules Gör entpuppt, ein überfüllter Dachboden aufgeräumt wird (oder auch nicht), der Tod zu Besuch kommt, eine Eintagsfliege sich gut entscheiden muss, wie sie ihre Zeit verbringt, und man sich fragen kann, was eigentlich eine ungeschriebene Regel ist.

# DER PAPAGEI UND DER PFAU

## DARF MAN STOLZ AUF SEIN AUSSEHEN SEIN?

Henry, der Papagei, lebte auf einem Baum in einem großen Wald. Einem besonderen Baum mit einer ganzen Menge Blüten: weißen, roten und rosafarbenen. Dort lebte er mit allerlei anderen Vögeln zusammen: mit einer Taube namens Tilly, Gregor, dem Gänserich, einem verirrten Storch, der nicht sprechen wollte, fünf oder sechs Amseln (das schwankte ziemlich oft) und einer Schaar Spatzen. Ganz in der Nähe lebten auch einige Möwen; das waren wahnsinnige Schreihälse. Ständig waren sie am Krakeelen, eigentlich ohne erdenklichen Grund. Henry war für sie ein Wichtigtuer. Hatten diese Möwen denn kein Gefühl für Anstand, fragte er sich oft, während er sein Federkleid putzte und die Möwen wieder einmal kreischen hörte.

Henry war stolz auf seine Federn, die leuchtend blau und gelb waren. Auf seinem weißen Kopf hatte er auch ein paar schöne grüne Federn, und um seine Augen zogen sich prächtige dünne schwarze Linien. Henry putzte sein Gefieder jeden Tag. Er brachte Stunden damit zu. Auf sein farbenfrohes Federkleid war er stolz wie ein Pfau und er flog gerne eine extra Runde, um es allen zu zeigen.

Bei der Federpflege gab er sich besondere Mühe: Er putzte sie nicht nur täglich, sondern nahm auch jeden Tag ein ausgiebiges Bad. Jeden Tag suchte er sich eine neue, saubere Pfütze, in der er baden konnte. Eigentlich badete er nie zweimal in derselben Pfütze, höchstens wenn er krank war.

Auch die anderen Vögel fanden, dass er der schönste Vogel im Baum war. Sie machten ihm regelmäßig Komplimente zu seinem Gefieder. Einige Vögel schauten sich die schönen Farben auf seinen Flügeln besonders lange an, vor allem die Amseln, die selbst nur mattschwarze oder bräunliche Federn hatten. Henry wusste, dass er der schönste Vogel in dem großen blühenden Baum war, und das gab ihm ein gutes Gefühl. Die anderen Vögel fanden das eigentlich ein bisschen arrogant, aber sie mussten doch zugeben, dass er von ihnen allen der schönste Vogel war. Gregor, der Gänserich, hatte ihn irgendwann einmal einen „eitlen Fatzke“ genannt.

Eines Tages, während Henry gerade ein Bad nahm, wurden alle Vögel plötzlich unruhig. Sie begannen zu flattern, und ein Flüstern machte die Runde. Henry schaute überrascht auf, denn sonst war es um diese Tageszeit immer sehr ruhig. Die Amseln flatterten schnell hin und her, Gregor, der Gänserich, schlug mit seinen gewaltigen Flügeln und machte einen Höllenlärm. Die Möwen begannen noch lauter zu kreischen, als sie es normalerweise taten.

Wegen all der Aufregung beendete Henry sein Bad früher als gewöhnlich, was ihm ziemlich gegen den Strich ging. Er war noch nicht einmal dazu gekommen, seine Schwanzfedern zu putzen. Er flog zurück zum Baum. Der erste Vogel, dem er dort begegnete, war der Storch. Henry fragte ihn, was denn los sei. Doch der Storch sagte nichts – natürlich nicht, schließlich sagte er nie etwas. Er zeigte nur auf das offene Feld zwischen den Bäumen.

Dann traf Henry Tilly, die Taube. »Unglaublich«, sagte sie, »welche Pracht, was für eine Schönheit! Ich bin völlig überwältigt.« Um ihren Worten Nachdruck zu verleihen, legte sie sich auf den Rücken und reckte ihre Beinchen in die Luft.

Kurz darauf flogen ein paar kreischende Möwen vorbei.

»Wow! Wie schön!«, krächzten sie lautstark.

»Wer denn? Was denn?«, fragte Henry noch, aber die Schreihälse waren schon wieder weitergeflogen.

Henry versuchte es bei den Spatzen, die immer für ein Schwätzchen zu haben waren.

»Da ist ein prächtiger, superschöner, unglaublicher, bizarrer, bunter, farbenreicher, prächtiger …«, sagte einer der Spatzen.

»Dass er prächtig ist, hast du schon gesagt. Sag mal was Neues«, knurrte Henry.

Ein anderer Spatz fuhr fort. Er quietschte vor Begeisterung. »Ein superschöner Pfau ist angekommen!«

»Ein Pfau? Henry verlor all seinen Mut. Ihm war klar, was das bedeutete. Er hatte noch nie einen Pfau gesehen, doch er wusste sehr wohl, was man sich über Pfauen erzählte. Sie waren unglaublich schön mit ihrer dunkelblauen Farbe, ihren grünen, glänzenden langen Federn und ihren Schwänzen in den schönsten Färbungen, die man sich nur vorstellen konnte. Sie hatten sogar eine kleine Krone auf dem Kopf. Und das Außergewöhnlichste an ihnen war: Sie konnten der ganzen Welt ihren langen Federschweif zeigen, indem sie diese Schwanzfedern auffächerten. Henry konnte nichts von alledem. Er hatte zwar ein schön gefärbtes Gefieder, aber keine Krone und keinen langen Federschweif, den er so schön wie der Pfau aufrichten konnte.

»Kommst du mit? Wir wollen ihn uns ansehen«, sagte der kleine Spatz und flatterte schon nach oben.

»Nein, ich habe keine Zeit. Ich habe eine Menge zu tun. Geht ihr nur«, sagte Henry und flog zurück zu seinem Ast im Baum. Aus einiger Entfernung, hinter einer rosafarbenen Blüte verborgen, beobachtete er alle Vögel, die sich auf dem offenen Feld um den Pfau scharten. Er war wirklich ein prachtvoller Vogel, genau wie er in allen Geschichten beschrieben wurde. Er stellte sogar kurz seine Federn auf, und alle Vögel fingen an, »Oh« und »Ah« zu rufen.

Die Taube Tilly ließ sich schon wieder dramatisch rücklings fallen. Wahrscheinlich hatte sie schon ein Auge auf den Pfau geworfen.

Henry saß ruhig auf seinem Ast und dachte nach. Er sah sich um und fragte sich, was er hier eigentlich noch zu suchen hatte. Mittlerweile kannte er hier jede Blüte und jeden Vogel, und die meisten Grashalme standen hier seit vielen Jahren auf demselben Fleck.

Er schaute sich noch einmal um und flog los – auf der Suche nach einem anderen Baum, auf dem er leben, und nach sauberen Pfützen, in denen er baden konnte.

### Anregende Fragen

- Wer ist die netteste Figur in dieser Geschichte und warum?
- Wen finden Sie nervig?
- Was halten Sie davon, dass Henry wegfliegt?
- Sind Sie eitel?
- Was halten Sie von eitlen Menschen?
- Neigen Sie selbst dazu, neidisch zu sein?
- Was halten Sie von Neid als Eigenschaft?

### Verständnisfragen

- Warum fragt sich Henry, ob die Möwen keinen Anstand haben?
- Warum ist es für Henry wichtig, sein Gefieder zu putzen?
- Was will Gregor, der Gänserich, damit sagen, wenn er Henry einen »eitlen Fatzke« nennt?
- Sind die Amseln neidisch auf Henrys Farben?
- Sind die Vögel unruhig, weil etwas Unerwartetes geschieht?

- Ist die Taube Tilly eine Wichtigtuerin?
- Warum verliert Henry all seinen Mut, als er hört, dass ein Pfau angekommen ist?
- Warum macht sich Henry auf die Suche nach einem anderen Baum?
- Warum badet Henry nicht zweimal in derselben Pfütze?

## Philosophische Fragen

- Was heißt es, anständig zu sein?
- Ist es schlecht, eitel zu sein?
- Woher weiß man, dass man am schönsten ist?
- Ist es gut, anderen Komplimente über ihr Aussehen zu machen?
- Darf man stolz auf sein Aussehen sein?
- Ist man arrogant, wenn man weiß, dass man schön ist?
- Ist es jämmerlich, von allen am schönsten sein zu wollen?
- Sollte man sich nach Kräften darum bemühen, nicht neidisch zu sein?
- Wann ist man ein Wichtigtuer?
- Was ist Eitelkeit?

## Kreative Aufgabe

Können Sie sich in eine der Figuren hineinversetzen und die ganze Geschichte aus ihrer Sicht erzählen? Was entdecken Sie dann? Was bringt es Ihnen?

# STREIT IM PALAST

## GIBT ES »GLÜCKLICH BIS ANS ENDE IHRER TAGE«?

Die Prinzessin und der Ritter sahen sich erstaunt an. Die Prinzessin schüttelte den Kopf, blinzelte und sah sich um. Der Raum war mit Glasscherben übersät, die in der Nachmittagssonne funkelten. Das Blümchenservice ihrer Großmutter lag zerbrochen vor dem Kamin. Dem Hirschgeweih, das über dem Sofa hing, fehlte jetzt ein Ende.

Da standen sie nun. Es dröhnte noch immer in ihren Ohren von all den schlimmen Dingen, die die Prinzessin dem Ritter entgegengeschleudert, und auch von den Gemeinheiten, die er ihr an den Kopf geworfen hatte. Früher war er nie laut geworden, aber heute brüllte er immer häufiger und immer lauter. Sie auch. In den Vorhängen war ein Riss zu sehen, aber der war wohl schon älter. Er stammte wahrscheinlich von einem früheren Streit.

Wie hatte es nur zu diesem gewaltigen Tohuwabohu in ihrem Palast kommen können, fragte sie sich. So hatte sie sich ihre Ehe nicht vorgestellt. Davor hatte man sie nicht gewarnt. »Lange und glücklich« würde ihr Leben sein, das hatte man ihr doch versprochen!

Es hatte so gut angefangen: ein großes Fest, beschwipste Reden, Tanzen bis tief in die Nacht. Eine Hochzeitstorte so hoch, dass man eine große Treppe brauchte, um an die Spitze zu kommen. Und später: stundenlange Spaziergänge am Strand, Abendessen bei Kerzenschein, tiefe Blicke in die Augen, Geflüster im Dunklen, Hände und Münder, die sich vortasteten und fanden. Verstohlene Blicke, den Duft des anderen einatmen, gleichzeitig in Gelächter ausbrechen. Das war noch gar nicht so lange her, dachte die Prinzessin. Aber gleichzeitig schien es weiter weg zu sein als je zuvor.

In letzter Zeit hatten sie sich eigentlich nur noch gestritten. Der Ritter sagte zum Beispiel, er käme um sechs Uhr von einem Feldzug nach Hause, und kam dann erst um acht Uhr in aller Gemütsruhe angetrabt. Er versprach, den Pferdestall aufzuräumen, hatte es aber kurz darauf schon wieder vergessen. Und sie fand es zunehmend ärgerlich, dass er seine Rüstung an den unpraktischsten Stellen ablegte.

Der Ritter hatte sich schweigend auf das Sofa gesetzt. Er wischte einen Fleck von seiner Rüstung und klaubte eine Scherbe des Service aus seinem Haar. Er schaute sich um und runzelte die Stirn. Früher hatte seine Prinzessin es cool und attraktiv gefunden, wenn er seine dichten Augenbrauen so zusammenzog. Doch heute war genau das für sie oft ein Anlass, zu nörgeln. »Ich weiß in solchen Momenten nie, was du denkst«, sagte sie dann gereizt. Sie klagte über seine Socken, die überall herumflogen, und über seine Rüstung, die ihr im Weg lag. Sie warf ihm vor, dass er immer weg sei, bemängelte, dass er nie reden wolle, und fand auch, dass er mehr im Garten arbeiten könne. Was sie früher so anziehend an ihm gefunden

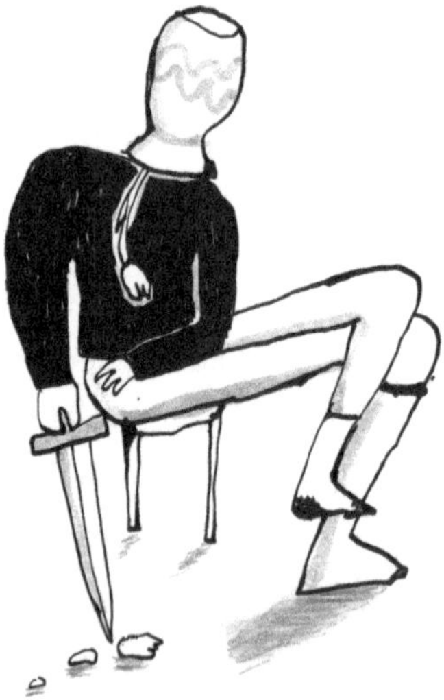

hatte (seine geheimnisvolle, eigensinnige, selbstgenügsame Art), schien ihr heute vor allem auf die Nerven zu gehen.

Der Ritter verstand das nicht. Hatte er sich denn nicht immer so verhalten, wie es sich gehörte? Sie war in Not, und er rettete sie. Sie hatte ihn geküsst, ihn mit glänzenden Augen angesehen und weiche Knie bekommen, als sie sich ihr Jawort gegeben hatten. Es hatte eine Hochzeitsreise mit Rosenblättern auf den Betten, Cocktails an einem hellblauen Pool, Spaziergängen unter dem Sternenhimmel und seligem Seufzen über die Schönheit von alldem gegeben. Das war doch noch gar nicht so lange her, dachte er.

Doch nun schienen all die Schönheit, die Romantik, die Harmonie, die Verliebtheit und das Festliche weiter entfernt als je zuvor. Und was war aus lange und glücklich geworden? Das sollte doch eigentlich jetzt stattfinden. Der Ritter erkannte, dass das »lange« tatsächlich eingetroffen war: Jeder Tag kam ihm lang, endlos lang vor. Aber von »glücklich« konnte keine Rede sein. Obwohl man es ihnen doch versprochen hatte. Bei ihrer Hochzeit hatten alle davon geschwärmt, wie gut sie zusammenpassten, wie schön sie wären und wie glücklich sie sein würden. Der König hatte in seiner Rede sogar gesagt: »Dieses Ehepaar ist wunderschön. Sie werden zweifellos einem langen und glücklichen Leben entgegengehen.« Alle hatten applaudiert, ihr Glas gehoben und sich zugeprostet, alle hatten es geglaubt.

Der Ritter schaute sich noch einmal um und fragte sich: Machen wir hier etwas verkehrt? Oder stimmt das mit »glücklich bis ans Ende ihrer Tage« einfach nicht? Haben uns alle etwas vorgemacht? Und wenn ja, hätte uns dann vorher niemand sagen können, dass diese Romantik vor allem sehr harte Arbeit ist?

Die Prinzessin schaute den Ritter an. Er erwiderte ihren Blick. Sie wussten beide nicht recht, was sie sagen sollten. Nachdem sie sich eine Weile schweigend angeschaut hatten, stand die Prinzessin auf, klopfte sich den Staub von ihrem Kleid und begann, die Scherben Stück für Stück aufzusammeln. Der Ritter sah zu und hob ebenfalls einige Scherben auf. Nach einer Weile ging er auf seine Prinzessin zu, nahm sie in den Arm und flüsterte: »Morgen versuchen wir es noch einmal.«

### Anregende Fragen

- Glauben Sie an ein »glücklich bis ans Ende ihrer Tage«?
- Was halten Sie von Streit?
- Haben Sie während eines Streits schon einmal etwas zerbrochen?
- Werden Sie auch wütend, wenn jemand zu spät kommt?
- Wer hat in dieser Geschichte eher recht?

## Verständnisfragen

- Ist die Prinzessin ein verwöhntes Ding?
- Ist der Ritter ein guter Ritter?
- Warum haben sie hohe Erwartungen an diese Beziehung?
- Erwarten diese beiden Menschen zu viel?
- Warum sehen sie einander erstaunt an?
- Hat sich der Ritter immer so verhalten, wie es sich gehört?
- Was will der Ritter morgen noch einmal versuchen?
- Ist das eine gute Ehe?
- Warum schreien sie sich immer öfter und immer lauter an?
- Hat der Ritter falsche Versprechungen gemacht?

## Philosophische Fragen

- Kann man eine gute Beziehung haben, wenn man viel miteinander streitet?
- Ist Streit zu irgendetwas gut?
- Gibt es so etwas wie »glücklich bis ans Ende ihrer Tage«?
- Woher weiß man, ob man eine gute Beziehung führt?
- Woher weiß man, ob man glücklich ist?
- Was darf man von einem Partner erwarten?
- Wann muss man jemanden retten?
- Wann darf man bei einem Streit mit Gegenständen um sich werfen?
- Erwarten wir zu viel von Männern?
- Darf man etwas von einem anderen kaputt machen, wenn er oder sie einen verletzt hat?
- Was sollte man auf jeden Fall weiter versuchen?
- Wann sollte man aufgeben?

### Kreative Aufgabe

Können Sie die Hochzeit dieses Paares und auch ihre Hochzeitsreise in ein paar Sätzen beschreiben? Wie könnte es diesem Paar in dreißig Jahren ergehen? Was sagen sie dann zueinander? Wie sehen sie dann aus? Sind sie zusammen oder nicht (mehr)? Sind sie glücklich oder nicht (mehr)?

# WO STILLE IST

## WOHER WEISS MAN, DASS MAN WILLKOMMEN IST?

Die Stille wusste nichts mit sich anzufangen und lief ganz allein durch die Stadt. Sie schlenderte dort schon eine Weile herum und hielt nach einem Ort Ausschau, an dem sie eine Weile bleiben könnte. Doch schon bald wurde ihr klar, dass die Straße wohl der letzte Ort war, an dem sie willkommen war. Sie hörte Autos, Radfahrer, Hupen, laute Gespräche über alles und nichts, den Wind im Hintergrund und manchmal auch im Vordergrund. Die Straße war zu sehr mit Geräuschen angefüllt, um der Stille einen Ort geben zu können.

Sie schaute in die Kneipen, aber da war es zu voll. Dichtes Gedränge, Musik mit Beats, das Klirren der Gläser, ausschweifende Erzählungen und Prahlerei. In einer Ecke gab es einen intimen Moment, in dem vielleicht ein Ort für sie gewesen wäre, aber auch dieser Moment ging schnell wieder vorbei.

Die Stille versuchte es im Kino, aber dort wurde sie von großen Lautsprechern an der Wand und dem Geräusch des Popcornknabberns verdrängt.

Sie trottete weiter zur Bibliothek. Wenn es irgendwo einen Ort für die Stille gäbe, dann doch sicher dort.

Ja, dort war sie willkommen – für eine Weile zumindest. Doch nicht allzu lange, denn immer wieder musste sie einem Flüstern, dem *Bing* eines Telefons oder dem Umblättern einer Buchseite weichen.

Die Stille zog sich in eine Besenkammer zurück und dachte einen Moment lang, dass sie dort an ihrem Ort sei. Doch dann hörte sie das Summen der Lüftung.

Die Stille saß im Park auf einer Bank und dachte nach. Echte Stille, Stille, wie sie sie sein wollte, vollständige Stille, war scheinbar selten irgendwo wirklich willkommen. Die Stille beobachtete einen kleinen Jungen, der wie gebannt mit einem Gänseblümchen in einer Schlammpfütze spielte. Er sagte nichts und betrachtete nur die kleine Blume, die im Schlamm immer dunkler wurde.

Ein paar Schritte davon entfernt saß ein Mann auf einer Bank und starrte vor sich hin. Und plötzlich wusste die Stille: Der einzige Ort, an dem sie wirklich willkommen sein würde, zumindest hin und wieder – wenn man gut suchte –, war im Inneren.

### Anregende Fragen

- Suchen Sie manchmal bewusst die Stille?
- Wie machen Sie das?
- Was bringt Ihnen das?
- Mögen Sie es lieber turbulent oder ruhig?
- Wie reagieren Sie, wenn in einem Gespräch Stille aufkommt?
- Wann fühlen Sie sich nicht willkommen? Und wann fühlen Sie sich willkommen?
- Gibt es (soziale) Situationen, die Sie lieber vermeiden? Warum?

## Verständnisfragen

- Wonach sucht die Stille wirklich?
- Warum gibt es in der Bibliothek wahrscheinlich doch einen Ort für die Stille?
- Was ist mit »im Inneren« gemeint?
- Warum spielt der Junge wie gebannt?
- Fürchtet sich die Stille vor etwas?
- Was ist hier mit »vollständig« (vollständige Stille) gemeint?
- Warum gibt es in einem intimen Moment in einer Ecke vielleicht doch einen Ort für die Stille?
- Warum läuft die Stille ziellos umher?
- Warum schlendert und trottet die Stille?
- Warum weiß die Stille plötzlich, wo sie willkommen ist?

## Philosophische Fragen

- Welche Situationen sollte man vermeiden?
- Ist Stille wichtig?
- Was bedeutet es »vollständig zu sein«?
- Woher weiß man, ob man an seinem Ort ist?
- Wann ist man willkommen?
- Kann man jemals »zu viel« sein?
- Hängt es von anderen ab, ob man willkommen ist?
- Sollte man hin und wieder still sein?
- Was ist besser: Stille oder Geräusch?
- Gibt es so etwas wie absolute Stille?

### Kreative Aufgabe

Können Sie diese Geschichte umschreiben zu:

- einem Monolog,
- einem Gedicht,
- einem Lied?

Was geschieht dann? Welche Fragen und Erkenntnisse weckt das bei Ihnen?

# #MÄRCHENFIGURENPROTEST

## WANN DARF MAN BELEIDIGT SEIN?

Die Märchenfiguren saßen alle zusammen und hörten zu. Vor dreißig Minuten hatte die Glocke geläutet. Irgendwo in der Welt der Menschen war ein Märchenbuch aufgeschlagen worden, und nun wurde daraus vorgelesen. Der Wolf, die Hexen, Captain Hook, der Riese, Aschenputtels Stiefschwestern, Rumpelstilzchen – sie alle hörten mit.

Zwei bekannte Märchen wurden vorgelesen. »Es war einmal …« – und dann eine Geschichte über Prinzessinnen, Hexen, Feen, Wölfe, Riesen, Ferkel oder Geißlein, das Fallen in einen Brunnen oder ein Kind, so klein wie ein Daumen. Sie endeten mit den Worten: »Und sie lebten glücklich bis ans Ende ihrer Tage«.

Die Märchenfiguren kannten die Geschichten natürlich mittlerweile. Jedes Mal, wenn einem Kind eine Geschichte vorgelesen wurde, hörten sie zu. Und mit jeder Geschichte wurden sie ärgerlicher und verdrießlicher. Der Wolf starrte grimmig vor sich hin. »Immer werde ich als Dreckskerl dargestellt«, murrte er. »Ich bin nun mal ein Wolf. Und Wölfe müssen auch fressen, versteht ihr? Manchmal fressen wir eine Ziege und manchmal auch mehr. Wenn ich großen Hunger habe, schaffe auch ich manchmal sieben. Ich muss fressen, versteht ihr?«

»Aber du hast auch eine Großmutter aufgefressen«, antwortete die Hexe.

»Stimmt«, sagte der Wolf, »aber weißt du, was nie einer erzählt? Dass die Großmutter ungenießbar war. Sie war alt und zäh. Ich hätte Rotkäppchen auch sofort verputzen können, aber habe ich das getan? Nein. Ich habe mich bewusst für diese Oma entschieden. Ich weiß auch, dass ich in der Menschenwelt nicht gerade mit Kusshand empfangen werde, also passe ich mich an, wo ich kann. Aber auf dem Speiseplan eines Wolfs stehen nun einmal keine Kräuter und Beeren, versteht ihr?«

»Was denkt ihr denn dann wohl über mich? Stiefmütter werden immer als eifersüchtige Giftspritzen abgetan. Das ist *so* ungerecht!«, sagte die Hexe aus Schneewittchen.

»Du warst aber auch eifersüchtig«, sagte Rapunzel, »und eine Giftspritze.«

»Das stimmt, so ganz lässt sich das nicht von der Hand weisen«, antwortete die Hexe. »Aber wisst ihr, wie schwierig es für eine Frau ist, älter zu werden? Und hässlicher? Alle Welt redet immer nur über die Jungen und Schönen, die Hippen und Fitten, die Schlanken und Faltenfreien. Nur *sie* zählen. Nur *sie* kommen in der Werbung vor, nur *sie* bekommen die Hauptrolle in einem Film, nur *sie* werden geliebt und geküsst. Wir Älteren können sehen, wo wir bleiben. Und Schneewittchen war so schön, so jung und makellos. Früher war ich auch so, das könnt ihr mir glauben. In meinem Innersten lebt noch immer dieses schöne junge Mädchen; aber wenn ich in den Spiegel schaue, sehe ich etwas ganz anderes. Nun, das hat mich erschreckt, und es hat mich eifersüchtig gemacht. Das ist vielleicht nichts, worauf ich besonders stolz bin, aber ein bisschen Verständnis und Mitgefühl wären da schon angebracht gewesen!«

Die Hexe von Hänsel und Gretel sprang auf. »Ich werde euch mal was erzählen. Nein, wirklich, ich erzähle euch was. Bleibt nur sitzen. Dann bekommt ihr was zu hören. Ich habe mit meinem verstorbenen Mann – Gott hab ihn selig – jahrelang an unserem

wunderschönen Waldhäuschen gearbeitet. *Jah-re-lang!* Wir haben uns mit Süßigkeiten, Lutschern, Butterkeksen, Spekulatius und anderen Keksen, Kuchen, Schlagsahne, Toffees und Bonbons abgerackert – alles, um unser Haus zum schönsten Lebkuchenhaus aller Zeiten zu machen. Und das Reparieren, das ständige Reparieren … Immer gab es etwas zu tun. Einmal schmolz die Schokoladenregenrinne, ein anderes Mal wurde die Glasur vom Regen weggewaschen, oder es war wieder mal ein Loch im Spekulatius-Gartenweg. Als mein Mann starb, habe ich das alles allein gemacht. Ich habe mich um dieses Häuschen *gekümmert*, und wie ich mich gekümmert habe! Da baut man sein Häuschen so sorgfältig auf, und dann kommen zwei Rotznasen und denken, sie könnten einfach ein Stück von meinem Dach abknabbern! Reinster Vandalismus war das! Diese Pickelgesichter hörten gar nicht mehr auf zu fressen – sie hatten natürlich einen Zuckerkick –, da *musste* ich sie doch einsperren. Ich konnte doch gar nicht anders. Das Einzige, was für sie nicht essbar war, war der Ofen. Sonst hätten sie sich einen Weg hinausgefressen, ihnen wäre dabei bestimmt schlecht geworden, und wer hätte *das* wohl wieder wegputzen dürfen? Ganz genau. Also habe ich sie in diesen Backofen gesteckt. Und *wer* wird jetzt beschuldigt? *Wer* wird nun schief angesehen? *Wer* wird hier als die große Übeltäterin dargestellt? Ganz genau: ich. Das ist so unfair! So unfair!«

Eine der Stiefschwestern seufzte. „Diese Prinzessinnen, über die wird immer so viel Schönes erzählt. Jedes Menschenkind will schließlich ein Aschenputtel, Schneewittchen oder Dornröschen sein. Das ist wirklich traurig. Wenn die nur wüssten!«

»Wie meinst du das?«, fragte der Wolf.

»Na, das weißt du doch. Dornröschen mag ja vielleicht wie ein Opfer erscheinen. Aber *hallo*?! Eigentlich war sie doch einfach nur ein faules, ungehorsames Gör. Sie hat doch sowieso nie einen Finger gerührt. Hundert Jahre Schlaf waren für die nun wirklich keine Strafe. Und dabei hat man noch zu ihr gesagt: ›Hände weg von den Spinnrädern!‹ Man hat es ihr gesagt. Aber wem fällt dann nichts Besseres ein, als mit seinen dummen Patschehändchen an Spinnrädern herumzufingern? Dornröschen! Und wen halten dann alle für die Gute in dieser Geschichte? Dornröschen! Diese dusselige Kuh!«

»Ja, das Gleiche gilt auch für Schneewittchen«, rief Captain Hook. »Ein Bisschen in den Spiegel schauen, von zu Hause weglaufen, bei einem Haufen durchgeknallter Zwerge landen, und dann pikiert sein, weil sie im Haushalt helfen soll. Dazu hat sie dann keine Lust, von wegen Emanzipation, Feminismus und all das Gequassel. Also versucht sie, die Zwerge umzuerziehen, was natürlich nicht klappt. Sie wird wütend, schnappt sich einen Apfel und beißt rein. Obwohl man sie gewarnt hat! ›Nimm nie etwas an, von niemandem‹ – sie war gewarnt! Und doch hat sie es getan. Dann muss man sich auch nicht wundern, dass es schiefgeht. Aber wer wird in den Himmel gehoben? Mit Sprüchen wie: ›Sie war so schön und lieb und unschuldig?‹ Genau! Madam ›Ups-ich-esse-einen Apfel‹.«

Captain Hook fuchtelte in seinem Zorn wieder mal mit den Armen, sodass sich sein Haken löste und in hohem Bogen durch die Luft flog. Schmollend stolperte er ihm hinterher und schraubte ihn wieder an.

»Vielleicht sollten wir einen Aufstand machen«, schlug eine Hexe vor. »Vielleicht sollten wir einfach unsere eigenen Märchenbücher schreiben. Mit unserer Sichtweise der Geschichte. Der Geschichten.«

»Ja!«, rief der Wolf. »Vielleicht können wir auf die Straße gehen, Protestmärsche veranstalten und auf Plätzen Reden halten! Wir brauchen einen eigenen Hashtag! Ein #MärchenfigurenProtest!«

Die Märchenfiguren sahen sich kampflustig an.

»Aber … wer wird uns schon glauben?«, fragte der Riese vorsichtig. »Die Leute sind bestimmt nicht begeistert, wenn sie mich sehen! Schon wegen all der Geschichten, die über mich erzählt wurden, und dem Umstand, dass ich … nun ja, ziemlich riesig aussehe … Ich fürchte, die Leute haben ihr Urteil schon gefällt. Sie werden ihre Meinung über uns nicht so plötzlich ändern.«

»Ich glaube, alle werden ihre Kinder schnell ins Haus rufen, wenn sie mich sehen. Sie werden nicht mit mir reden wollen«, fügte Rumpelstilzchen noch hinzu.

Der Wolf murmelte etwas über einen seiner Cousins, der die Naturgebiete Europas durchstreifte, und dass auch der nicht überall mit offenen Armen empfangen werde.

»Ich brauche es erst gar nicht zu versuchen«, sagte die Hexe aus Hänsel und Gretel. »Wenn sie erst einmal glauben, dass du Kindern etwas angetan hast, bekommst du nie mehr die Chance, die Geschichte aus deiner Sicht zu erzählen. Nie mehr.«

Die Märchenfiguren schwiegen und schauten bedröppelt aus dem Fenster. Die Glocke läutete. Irgendwo wurde wieder ein Märchenbuch aufgeschlagen.

### Anregende Fragen

- Wer ist die sympathischste Figur? Warum?
- Wann waren Sie das letzte Mal beleidigt? Waren Sie es zu Recht?
- Wurden Sie schon einmal einer Sache beschuldigt, die Sie nicht getan haben?
- Wogegen würden Sie protestieren?
- Welcher Protest ist Ihrer Meinung nach ungerechtfertigt?

### Verständnisfragen

- Was hoffen die Märchenfiguren, mit einer Aktion erreichen zu können?
- Warum sind die Märchenfiguren am Ende bedröppelt?
- Ist der Wolf ein guter Kerl?
- Warum glaubt der Riese, dass er nicht mit offenen Armen empfangen wird?
- Wogegen wollen die Märchenfiguren genau protestieren?
- Tratscht die Stiefschwester über Dornröschen?
- Sind die Märchenfiguren ehrlich, was sie selbst angeht?
- Ist die Hexe aus Hänsel und Gretel zu Recht wütend, wenn Kinder ihr Lebkuchenhaus aufessen?
- Ist Captain Hook ein Feminist?
- Warum beschließen die Märchenfiguren letztendlich, nichts zu tun?

### Philosophische Fragen

- Wann ist man ein guter Mensch?
- Hat eine Geschichte immer mehrere Seiten?
- Woher weiß man, dass man etwas taugt?
- Wem sollte man nicht glauben?
- Darf man seine eigene Geschichte schöner machen, als sie ist?
- Ist jeder in seinem Inneren ein bisschen schlecht?
- Wann darf man beleidigt sein?
- Hat man die Kontrolle über die Geschichten, die andere über einen erzählen?
- Wogegen soll man protestieren?
- Sind Kinder, denen vorgelesen wird, gutgläubig?

## Kreative Aufgaben

1. Fertigen Sie für sich drei Protestplakate an (z. B. aus Pappe, auf die Sie beispielsweise etwas zeichnen oder kleben). Was sollte auf diesen Plakaten stehen? Wofür würden Sie auf die Straße gehen?
2. Schreiben Sie einen Dialog zwischen einer der Figuren in dieser Geschichte und einer der bekannten Märchenfiguren, z. B. zwischen Captain Hook und Schneewittchen. Was würden sie zueinander sagen? Wo würde der Dialog stattfinden? Welchen Einfluss hätte dieser Ort auf den Dialog?

# DAS DEPOT DER VERGESSENEN WÖRTER

## WANN HAT EIN WORT EINE BEDEUTUNG?

Im Depot der vergessenen Wörter ist es still. Das Sonnenlicht fällt durch ein einziges staubiges Fenster. Es riecht muffig; nur selten öffnet sich eine Tür, um etwas frische Luft hineinzulassen. Der Boden ist aus Beton, die hölzernen Regalschränke sind weiß gestrichen, und die Farbe beginnt bereits, etwas abzublättern. In der Ecke steht eine schon vor langer Zeit verwelkte Pflanze.

Wenn man das Depot betritt, ist das Erste, was einem auffällt, die Menge an Staub. Auf dem Boden, auf den Regalschränken, auf den Wörtern, auf dem Fenster, auf der Tür: überall Staub.

Selbst auf dem Staub liegt Staub.

In das Depot der vergessenen Wörter kommt selten jemand. Und wenn jemand kommt, wird schnell ein Wort ausgewählt, verwendet und wieder zurückgelegt.

Die meisten Wörter werden nie ausgewählt, sie liegen schon seit Jahren dort und stauben ein. Manche Wörter werden alle fünf Jahre einmal verwendet, andere vielleicht nur alle zehn. Viele Wörter werden schon sehr lange Zeit gar nicht mehr verwendet.

Wörter, die im Depot landen, gelangen oft zufällig dorthin. Als sie noch neu waren, kamen sie nie ins Depot, sie wurden täglich benutzt. Doch im Laufe der Zeit sehen die vergessenen Wörter das Depot immer häufiger. Zunächst kommen sie nur hin und wieder hierher und werden manchmal noch abgeholt. Doch nach einer

Weile wird das immer seltener. Irgendwann liegt ein vergessenes Wort dann Jahr für Jahr im Regal, ohne dass sich jemand daran erinnert.

Im Depot der vergessenen Wörter sind die Wörter nach Kategorien geordnet. Auf der linken Seite, auf dem obersten Regal, liegen die vergessenen Schimpfwörter. Wörter wie Liederjan, Rüpel, Flegel, Beutelschneider, Tölpel oder Schlitzohr. Das Regal darunter enthält noch mehr Varianten – wie Galgenvogel, Gesocks, Schofel, Lumpenhund, Bummelant, Hanswurst, Simpel und Pestzecke.

Der Regalschrank daneben enthält vergessene Wörter, die wir dem Vergessen vielleicht wieder entreißen, also »ent-vergessen« möchten, wie grämlich, sich sputen, scheel, elysisch, verschaukeln, Gierschlund, Pantoffelherrschaft, geflissentlich, wirbelsüchtig, Heimchen am Herd und abnesteln.

Auf der gegenüberliegenden Seite des Raumes findet man die schwierigen Wörter, die einen sehr intelligent erscheinen lassen. Nicht jeder hat sie vergessen, die meisten aber schon. Nur ein kleines Clübchen gelehrter Menschen verwendet sie noch: irrigerweise, infam, mit Verlaub, versus, ergo, Axiom, Dichotomie, lamentabel, equilibriert, konziliant, abhorrieren, enigmatisch.

Ganz unten, wo sie kaum jemand sieht, liegen die Wörter, die vielleicht gar kein Wort sind oder die nur wenige Menschen auf der ganzen Welt verstehen, wie klumpholzig, marvelös, sich verzupfen, Klickerwasser, anbequem, Regelwilligkeiten, Trostwissen.

Das *Depot der vergessenen Wörter* ist ein schöner Ort. Er ist ruhig und sehr still. Von draußen hört man eigentlich überhaupt keinen Laut. Wenn man im Raum steht und die Wörter betrachtet, wird man sich einer Vergangenheit bewusst, die man selbst nie durchlebt hat. Einer Vergangenheit von Geschichten, die man nie gehört hat, Tassen Tee, die man nie getrunken hat, mit Menschen, die man nie gekannt hat und nie kennen wird. Das *Depot der Ver-*

*gessenen Worte* macht einem bewusst, dass letztendlich alles größer ist als man selbst.

## Anregende Fragen

- Welches Wort aus dieser Geschichte ist das schönste? Warum?
- Welches Wort ist das hässlichste?
- Welches gehört zu Ihren Lieblingswörtern?
- Bei welchem Wort der deutschen Sprache würden Sie es für richtig halten, es nie mehr zu verwenden?
- Verwenden Sie manchmal absichtlich schöne Worte, um klüger zu wirken?

## Verständnisfragen

- Ist »ent-vergessen« ein Wort?
- Warum wirkt man klug, wenn man schwierige Wörter verwendet?
- Warum ist das *Depot der vergessenen Wörter* ein schöner Ort?
- Was ist damit gemeint, dass »letztendlich alles größer ist als man selbst«?
- Welcher Vergangenheit, die man selbst nie durchlebt hat, wird man sich im Depot bewusst?
- Ist »Liederjan« ein Schimpfwort?
- Was bedeutet die große Menge an Staub?
- Warum sind die Wörter in Kategorien eingeteilt?
- Wie wird entschieden, welche Wörter in das Depot aufgenommen werden?
- Sind diese Wörter zu Recht im Depot gelandet?

## Philosophische Fragen

- Gibt es für alles ein Wort?
- Woher weiß man, ob ein Wort etwas bedeutet?
- Darf man seine eigenen Wörter erfinden?
- Ist es akzeptabel, sich klüger darzustellen, als man ist?

- Kann man ohne Sprache denken?
- Können zwei Wörter dasselbe bedeuten?
- Wann ist etwas ein Schimpfwort?
- Kann man Wörter für Dinge erfinden, die es nicht gibt?
- Gibt es hässliche Wörter?
- Welche Wörter sollte man lieber vergessen?

### Kreative Aufgaben

1. Denken Sie sich eigene Wörter aus, die es in Wirklichkeit gar nicht gibt, und formulieren Sie dafür eine eigene Definition. Erstellen Sie Ihr eigenes Mini-Wörterbuch. Können Sie diese Wörter in Gesprächen dann so verwenden, dass andere sie übernehmen?
2. Erstellen Sie Ihr eigenes »Depot der ...« (Wörter, Gegenstände, Ausdrücke, Kleider, Berufe, Geschmäcker, Gerüche). Beschreiben Sie dieses Depot. Wie sieht es aus? Wonach riecht es dort? Gibt es Schränke oder etwas anderes? Was liegt wo? Kommen Menschen dorthin oder nicht?

# TOBY, DIE EINTAGSFLIEGE

## DARF MAN ZEIT VERPLEMPERN?

Toby erwachte. Er fühlte sich glücklich und leicht wie eine kleine Feder. Als Eintagsfliege war er an sich schon sehr leicht, aber so leicht wie eine kleine Feder hatte er sich noch nie gefühlt. Und gleich darauf dachte er: Ich habe eigentlich noch nie etwas gefühlt. Ich bin schließlich nur eine Eintagsfliege. Wie kann ich dann wissen, ob ich das, was ich fühle, zum ersten Mal fühle?

Er nahm ein Bad in einer der frischen Pfützen in der Nähe. Er putzte seine Flügelchen und tauchte das Köpfchen unter Wasser. Was sollte er nun tun? Er dachte an hundert Dinge: Er hatte ja einen ganzen Tag Zeit und konnte tun und lassen, was er wollte. Er könnte ein ganzes Stück weit fliegen, so weit er konnte. Er könnte sich etwas Leckeres zu trinken suchen und vielleicht ein bisschen beschwipst werden. Er könnte auch versuchen, die Liebe zu finden, obwohl das an einem Tag vielleicht doch etwas schwierig werden würde.

Er könnte ein Sonnenbad nehmen, oder auch den ganzen Tag mit einem Buch im Schatten liegen. Er könnte Spiele mit einer anderen Eintagsfliege spielen. Er könnte die Vögel und Schmetterlinge beobachten. Er könnte Lieder singen. Oder Lieder pfeifen. Vielleicht könnte er ein gutes Gespräch mit jemandem führen. Er könnte auch die leckersten Häppchen suchen und sie dann nach und nach aufessen. Er könnte …

Er blinzelte. Es war schon eine Stunde verstrichen und er hatte noch nichts unternommen. Jetzt war noch weniger Zeit übrig! Als Eintagsfliege muss man Entscheidungen treffen, aber Toby wollte so viel … Ob das alles zu schaffen war, fragte er sich. Nein, nicht an *einem* Tag.

Grübelnd flog er ein wenig umher.

»Pass auf! Schau, wo du hinfliegst!«, hörte er plötzlich eine Stimme.

Er blickte auf und sah einen wunderschönen Schmetterling direkt vor seiner Nase. Gedankenversunken war er fast gegen dessen Blüte gekracht.

»Entschuldigung«, stammelte Toby. Er betrachtete den Schmetterling und der starrte zurück.

»Du bist eine Eintagsfliege«, sagte der Schmetterling.

»Das stimmt«, antwortete Toby.

»Oh je. Dann hast du also nicht so viel Zeit und musst gut überlegen, was du tust. Das ist sehr wichtig. Du musst deine Zeit gut nutzen.«

Toby nickte. Er hatte sich so auf diesen Tag gefreut, aber die Leichtigkeit und die Freude, die er heute Morgen empfunden hatte, hatten sich inzwischen in Luft aufgelöst. Alles, woran er jetzt noch denken konnte, war, wie wenig Zeit er zur Verfügung hatte und dass er daher die richtigen Entscheidungen treffen musste. Je länger er dafür brauchte, desto betrübter wurde er und desto schwieriger wurde es, sich zu entscheiden.

Er flog noch ein wenig hin und her und drehte lustlos ein paar Saltos in der Luft. Für all die Dinge, die er noch tun wollte, blieb ihm nun sicher nicht mehr genug Zeit. Es fing sogar schon an zu dämmern. Er flatterte noch ein bisschen herum und ließ sich auf einer großen Sonnenblume nieder. Er war schon ein wenig müde und konnte die Augen kaum noch offen halten.

Toby legte sich auf den Rücken und schaute in den Himmel. Der war rosa. Das ist ganz bestimmt der schönste Himmel, den ich je gesehen habe, dachte Toby und schlief langsam ein.

## Anregende Fragen

- Wenn Sie selbst nur einen Tag zu leben hätten, was würden Sie an diesem Tag tun?
- Wie wäre es wohl, wenn Sie im Voraus wüssten, wie lange Sie leben? Was würde sich dadurch für Sie ändern?
- Was tut man, wenn man alles tun will, sich aber nicht entscheiden kann?
- Wann war Ihnen das letzte Mal langweilig?
- Welcher Tag war bisher Ihr schönster?

## Verständnisfragen

- Warum steht Toby frohen Mutes auf?
- Warum denkt Toby darüber nach, was er fühlt?
- Ist Toby ein Zweifler?
- Glaubt Toby, dass er die Liebe finden kann?
- Hat Toby gelebt?

- Kann Toby die Schönheit des Abendhimmels beurteilen?
- Hat der Schmetterling eine Meinung zu Toby?
- Warum löst sich Tobys Freude in Luft auf?
- Ist Toby raffgierig?
- Warum wird es für Toby immer schwieriger, sich zu entscheiden?

**Philosophische Fragen**

- Darf man Zeit vergeuden?
- Sollte man sich gut überlegen, wie man seine Zeit verbringt?
- Ist es gut, auf den Rat anderer zu hören?
- Ist es schwer, sich zu entscheiden?
- Woher weiß man, was man fühlt?
- Sollte man seine Zeit sinnvoll verbringen?
- Ist es schlecht zu zweifeln?
- Ist es erlaubt, unaufgefordert Ratschläge zu erteilen?
- Ist es schön, viele Handlungsoptionen zu haben?
- Ist Fantasieren dasselbe wie etwas tun?

### Kreative Aufgaben

1. Entscheiden Sie sich für eines der Dinge, die Toby hätte tun können, und schreiben Sie die Geschichte um. Angenommen, Toby hätte das getan, wie wäre die Geschichte dann ausgegangen? Was würde das ändern?
2. Beschreiben Sie Tobys Tag, als wäre er Ihr idealer Tag. Was würden Sie Toby tun lassen? Was gerade nicht? Wohin würden Sie ihn gehen lassen? Wen würden Sie ihn treffen lassen und wen nicht? Was sagt das über Ihre eigene Vorstellung davon aus, wie man seine Zeit idealerweise nutzen sollte?

# TROSTWISSEN

## DARF MAN VORGEBEN, ETWAS ZU WISSEN, DAS MAN NICHT WEISS?

Der Lehrer stand verzweifelt an der Tafel. Seine rechte Hand schwebte etwa zwei Zentimeter davor. Er starrte auf die Kreide, auf die Tafel und wieder auf die Kreide. Dann drehte er sich zu dem Mädchen um.

Es hatte ihm gerade eine Frage gestellt, auf die er keine Antwort wusste. Zu Hause hatte er eine gute Unterrichtsstunde vorbereitet. Es war eine schwierige Stunde, also hatte er seine alten Lehrbücher herausgekramt, hatte Kolleginnen und Kollegen angerufen, seine Frau als Testperson auf das Sofa gesetzt und die Stunde geübt. Er hatte Fotos und sogar einen kleinen Film dazu herausgesucht, hatte eine durchdachte Theorie gefunden und eine einfache Form, sie zu erklären, da war er sich sicher.

In der Schule hatte er voller Zuversicht mit dem Unterricht begonnen. Seine Schülerinnen und Schüler hingen an seinen Lippen. Er spürte, dass sie es verstanden und mehr wissen wollten. Das dachte er zumindest. Also fuhr er mit seinen Ausführungen fort. Er erklärte die Theorie, fertigte einfache Skizzen dazu an und stellte, damit die Schülerinnen und Schüler dabeiblieben, hin und wieder eine Frage, die er gleich selbst beantwortete.

Nach seinen Erläuterungen wischte er sich einen Schweißtropfen von der Stirn und schaute in die Klasse. Seine Schülerinnen und

Schüler erwiderten seinen Blick. Das Mädchen meldete sich. Der Lehrer nahm es dran, und es stellte seine Frage. Es war eine schwierige Frage. Dem Lehrer wurde davon ganz ungemütlich zumute, und er musste angestrengt über die Antwort nachdenken.

Dann bemühte er sich, eine Antwort auf die Frage zu geben, die ihm das Mädchen gestellt hatte. Er begann mit seinen Ausführungen, die indirekt, ganz entfernt, aber eigentlich nicht wirklich, etwas mit der Frage des Mädchens zu tun hatten. Er gebrauchte viele Wörter, ohne zu wissen, was er eigentlich sagen wollte. Er hoffte nur, irgendwo herauszukommen, irgendwo an einer logischen Stelle, die ihm die Gewissheit geben würde, richtig zu liegen.

Tief im Inneren wusste er jedoch, dass er um die Frage in einem weiten Bogen herumtanzte. Er wirbelte umher, sprang, legte ein Plié hin, und eine schnelle, elegante Pirouette tat ihr Übriges.

Das waren schöne Ausführungen, dachte er bei sich. Während seines Vortrags hatte er einige beruhigende Worte, Zeichnungen und Formeln auf der Tafel festgehalten. Jetzt aber hing seine Hand mit der Kreide dort etwas schlaff in der Luft. Er schluckte.

Das Mädchen war nicht auf seine schöne Tanzvorstellung hereingefallen. »Ich glaube nicht, dass Sie es wirklich wissen«, sagte es. »Sie gebrauchen wohl ganz viele Wörter und es sieht aus, als ob Sie eine Antwort gäben, meiner Meinung nach ist es aber keine Antwort auf meine Frage. Nicht wirklich.«

Er verstummte. Er war rot angelaufen. Ein Schweißtropfen lief ihm vom Hals bis zur Brust. Einen Moment lang schnappte er nach Luft, aber das konnte wohl niemand sehen, dachte er; die Klasse hatte bestimmt nichts bemerkt.

»Was meinst du?«, fragte er.

»Manchmal glaubt man, etwas zu wissen, aber man weiß es nicht wirklich«, sagte das Mädchen. »Doch dann tut man trotzdem so, als ob man es wüsste. Das ist ›Trostwissen‹.«

»Trostwissen?«, fragte der Lehrer.

»Ja, Trostwissen. Das ist ein Wissen, bei dem man etwas eigentlich nicht so richtig weiß, sich aber nicht traut, es zuzugeben. Und dann tut man so, als ob man es wüsste, manchmal mit vielen Wörtern und langen Sätzen, und dann wirkt es so, als würde man eine gute Antwort geben. Das ist viel angenehmer, als zu sagen, dass man es nicht weiß. Aber das ist kein echtes Wissen, das ist Trostwissen.«

»Man tut so, als wüsste man etwas, um sich selbst zu trösten …«, sagte der Lehrer.

»Ja«, sagte das Mädchen. Es sah den Lehrer an, als ob es noch etwas hinzufügen wollte.

»Das macht aber nichts«, sagte es dann, »damit stehen Sie nicht allein da. Sehr viele große Menschen tun das. Trostwissen.«

### Anregende Fragen

- Geben Sie manchmal vor, etwas zu wissen, das Sie eigentlich nicht wissen?
- Stellen Sie manchmal eine »dumme Frage«? Welche zum Beispiel, und warum ist sie »dumm«?
- Finden Sie es peinlich, wenn Sie etwas nicht wissen?
- Was hätten Sie getan, wenn Sie der Lehrer gewesen wären?
- Was wäre in dieser Geschichte die beste Reaktion auf das Mädchen?

### Verständnisfragen

- Wollten die Schülerinnen und Schüler wirklich mehr wissen?
- Ist das Mädchen penetrant?
- Hat das Mädchen recht?

- Versteht der Lehrer, was »Trostwissen« ist?
- Ist er ein guter Lehrer?
- Ist das Mädchen weise?
- Warum schämt sich der Lehrer?
- Hat der Lehrer etwas gelernt?
- Ist das Mädchen respektlos?
- Tröstet das Mädchen den Lehrer?

### Philosophische Fragen

- Was ist Trostwissen?
- Wann ist es besser, einzugestehen, dass man etwas nicht weiß?
- Wann ist es besser, so zu tun, als wüsste man die Antwort?
- Worauf sollte man nicht hereinfallen?
- Wann sollte man jemanden beim Wort nehmen?
- Sollte man sich schämen, wenn man etwas nicht weiß?
- Wann ist Scham angebracht?
- Wann sollte man eine Antwort haben?
- Warum wollen wir uns selbst trösten?
- Woher weiß man, dass man etwas nicht weiß?

### Kreative Aufgaben

1. Schreiben Sie einen Monolog aus Sicht des Lehrers. Wie blickt er auf diese Situation zurück? Was denkt er? Wie fühlt er sich?
2. Können Sie ein Gedicht über den Begriff »Trostwissen« schreiben? Was für ein Gedicht wird das? Was beschreiben Sie? Und wie? Sollte es sich reimen oder gerade nicht?

# DER ALTE MANN AUF DEM STEIN

## WAS KANN MAN BESITZEN?

Auf einem staubigen Feldweg ging ein alter Mann. Er war schon eine Weile unterwegs und wollte sich gerne ein wenig ausruhen. Am Straßenrand sah er einen großen Stein und beschloss, sich kurz hinzusetzen. Für eine Weile saß er ruhig auf dem Stein; die Sonne wärmte ihm Rücken und Hände. Er lauschte dem Zwitschern der Vögel in einem Baum, den herumwuselnden Mäusen auf dem Boden und den summenden Fliegen, die über seinem Kopf herumschwirrten. Plötzlich hörte er eine Stimme sagen: »Das ist mein Stein.«

Der alte Mann blickte auf und sah einen jungen Mann vor sich stehen. Sein dunkles Haar wehte im warmen Sommerwind. Er roch nach frisch gemähtem Gras. Er hatte strahlend blaue Augen, trug einen goldenen Ring und feine Lederschuhe.

»Das ist mein Stein«, sagte der junge Mann noch einmal.

Der alte Mann schaute auf den Stein, auf den jungen Mann und wieder auf den Stein. »Woher weißt du, dass dieser Stein dir gehört?«, fragte er.

»Nun, ganz einfach, das wurde so vereinbart.«

»Mit wem wurde es vereinbart?«, fragte der alte Mann.

»Mit demjenigen, dem der Stein zuerst gehört hat. Mit dem Vorbesitzer.«

»Woher weißt du, dass der Stein dem Vorbesitzer gehört hat?«

»Einfach, weil auch das so vereinbart wurde. Er hatte den Vertrag unterschrieben. Damals gehörte der Stein ihm.«

»Und davor?«

»Davor gehörte er jemand anderem, denke ich.«

»Wer war der erste Besitzer des Steins?«, fragte der alte Mann.

»Das war einfach irgendjemand. Irgendjemand, niemand Besonderes.«

»Woher wusste diese Person, dass sie der Besitzer des Steins war? Damals gab es noch nichts zu vereinbaren und auch noch keinen Vertrag zu unterzeichnen.«

»Das weiß ich nicht. Das hat derjenige einfach beschlossen. So was in der Art.«

»Er sah den Stein und entschied: Der gehört von nun an mir. Meinst du das?«, fragte der alte Mann.

»Ja, so in etwa«, antwortete der junge Mann.

»Was besitzt du noch?«

»Ein Haus, diesen Goldring, seit Kurzem diese Schuhe und auch ein Pferd, einen Ochsen, einen Wagen und zwei Morgen Land. Und was besitzt du?«

»Nichts«, sagte der alte Mann.

»Nichts?«, fragte der junge Mann ungläubig.

»Ja. Nichts. Genau wie du.«

## Anregende Fragen

- Was ist Ihr liebster Besitz? Und woher wissen Sie, dass er wirklich Ihnen gehört?
- Von welchen Dingen könnten Sie sich trennen?
- Was würden Sie sehr gerne besitzen?
- Glauben Sie, dass es wichtig ist, bestimmte Besitztümer zu haben?
- Verleihen Sie wertvolle Besitztümer?

## Verständnisfragen

- Ist der alte Mann weise?
- Ist der junge Mann oberflächlich?
- Besitzt der junge Mann den Stein oder nicht?
- Besitzt der alte Mann überhaupt nichts?
- Führen der junge und der alte Mann eine Diskussion?
- Hat der junge Mann etwas gelernt?
- Welches Ziel verfolgt der alte Mann?
- Stellt der alte Mann seine Fragen, weil er neugierig ist?
- Warum listet der junge Mann alles auf, was er besitzt?
- Warum behauptet der junge Mann, der Stein gehöre ihm?

## Philosophische Fragen

- Was kann man besitzen?
- Woher weiß man, dass einem etwas gehört?
- Kann man beschließen, dass einem etwas gehört?
- Ist es schlecht, viel besitzen zu wollen?
- Sind Menschen, die viel besitzen, oberflächlich?
- Ist es wichtig, seine Besitztümer mit anderen zu teilen?
- Wer ist glücklicher: jemand, der nichts besitzt, oder jemand, der viel besitzt?
- Strebt letztendlich jeder Mensch nach mehr?
- Wann sollte man etwas weggeben?
- Was hat Besitz mit Identität zu tun?

### Kreative Aufgaben

1. Erstellen Sie eine »Besitzurkunde« von etwas, das man vielleicht überhaupt nicht besitzen kann. Zum Beispiel: Wissen, Gedanken, Luft, einen Kieselstein, einen Baum. Schreiben Sie dann, ausgehend von dieser »Besitzurkunde« Ihre eigene Geschichte, in der Figuren ein Gespräch über diesen Besitz führen. Kann man diesen Kieselstein oder diese Gedanken besitzen oder nicht? Welche Rolle spielt die Urkunde dabei?
2. Tragen Sie drei Gegenstände zusammen, von denen Sie sicher wissen, dass Sie sie besitzen. Schreiben Sie aus dem Blickwinkel eines jeden Gegenstandes einen kleinen Text über sich selbst. Was würde zum Beispiel Ihr Laptop über Sie sagen? Und Ihr Fußball, Ihr Schachbrett oder Ihre Tischtennisplatte?
3. Treten Sie selbst in die Geschichte ein: In dem Moment, in dem sich der alte und der junge Mann begegnen, sind Sie zufällig auch da. Was würden Sie sagen? Wie würde sich das Gespräch dann entwickeln?

# DIE SCHNECKE, DIE SCHILDKRÖTE UND DER WETTKAMPF

## HAT MAN AUCH GEWONNEN, WENN ES NIEMAND SIEHT?

»Auf die Plätze. Fertig. Los!« Die Eule Gerardus senkte die Fahne, und schon rannten sie los. An der Seitenlinie jubelten sie alle: das Kaninchen, der Storch, das Eichhörnchen und das Zebra. Es versprach ein superspannender Wettkampf zu werden.

Vor einer Weile hatten sie sich das ausgedacht. Irgendwann sollte es ein für alle Mal geklärt sein, fanden sie. Irgendjemand sollte einfach mal gewinnen, und dann wäre für immer entschieden, wer der oder die Schnellste war.

Alles begann mit einer Idee von Hendrik, dem Hasen. Jahrelang hatte er sich tagein, tagaus das Gezänk angehört. »Ich bin am schnellsten«, »Das ist nicht wahr, ich bin eindeutig schneller als du«. Und das mindestens zehnmal am Tag. Petrus, die Schildkröte, und Sjimmie, die Schnecke, hatten in diesem Punkt ganz gegensätzliche Meinungen. Beide waren der Überzeugung, sie seien am schnellsten.

An diesem Tag seufzte Hendrik, der Hase, wieder einmal tief und sagte: »Ich sitze hier gemütlich und knabbere an einer Karotte, aber ihr verderbt mir den Appetit. Ich schlage vor, dass wir einen Wettkampf veranstalten, um herauszufinden, wer von euch beiden am schnellsten ist. Dann hat diese ewige Streiterei ein für alle Mal ein Ende.«

Petrus und Sjimmie sahen sich schweigend an. Irgendwo in ihrem Inneren kam Angst auf. Was wäre, wenn der andere sich als schneller erweisen würde?

»Gut«, sagte Petrus, die Schildkröte, als Erster. »Lasst uns das machen.«

»Ja, eine sehr gute Idee. Eine supergute Idee. Brillant. Absolut klasse. Super!«, fügte Sjimmie, die Schnecke, schnell hinzu.

»Schön, dann ist das geregelt«, sagte Hendrik, der Hase, und kaute ruhig auf seiner Möhre.

Nach ein paar Bissen schaute er sich um. »Was macht ihr noch hier? Solltet ihr nicht für den großen Wettkampf trainieren?«

Petrus und Sjimmie schauten sich an.

»Ja, ja, natürlich. Ich gehe sofort auf die Schnecke – Strecke, meine ich!«, sagte Petrus. Und weg war er. Sjimmie dachte, dass sie auch besser mal anfangen sollte zu trainieren. Denn einen Wettkampf zu gewinnen, das war kein Kinderspiel.

Beide gingen entschlossen ans Werk. Sie trainierten und schwitzten in den neuesten und hippsten Sportoutfits an den Fitnessgeräten. Petrus, die Schildkröte, hatte sogar einen Coach: Er bekam Unterstützung von Ferdinand, dem Frosch, der, wie er selbst sagte, schon einmal einen Wettkampf gewonnen habe. Er wusste genau, wie man für so etwas trainieren musste.

Sjimmie machte alles allein. Jeden Tag versuchte sie, ihre eigene Zeit zu verbessern, und mit jedem Tag wurde sie ein bisschen schneller. Als der Tag des Rennens anbrach, war sie sehr zuversichtlich, dass sie gewinnen würde.

Und jetzt war es so weit. Der Startschuss war gefallen, und alle standen da und feuerten die Wettkämpfer an. Sjimmie lag zu Beginn in Führung; die ganze erste Teilstrecke des Rennens lag sie vor Petrus. Die Ziellinie war noch längst nicht in Sicht, aber es war doch ein guter Start. Nach einer Weile holte Petrus auf, bis sie in etwa gleichauf lagen. Sie hatten das Rennen morgens begonnen, und am späten Nachmittag hatten sie etwas mehr als die Hälfte der Strecke zurückgelegt. Der Jubel des Publikums war nun viel leiser als am Anfang. Eine Reihe von Fans war bereits nach Hause gegangen. Manche der Zuschauenden waren sogar eingeschlafen.

Mit Einsetzen der Dämmerung rückte die Ziellinie endlich näher. Es war ein Kopf-an-Kopf-Rennen, und die Spannung, wer gewinnen würde, hielt bis zum letzten Moment an. Alle Zuschauenden hatten mittlerweile schon das Interesse verloren; es stand überhaupt niemand mehr an der Seitenlinie. Sjimmie und Petrus waren beide furchtbar müde, dennoch gaben sie auf den letzten Metern noch einmal alles.

Noch fünf, vier, drei, zwei, … Mit letzter Kraft schleppten sie sich über die Ziellinie. Die Eule Gerardus hatte dort den ganzen Tag gewartet und war sogar kurz eingenickt. Sjimmie und Petrus brachen keuchend zusammen und sahen die Eule Gerardus fragend an. Wer war von den beiden nun wirklich am schnellsten?

Die Eule Gerardus schaute zögernd auf Sjimmie, dann auf Petrus, und dann wieder zurück. Schließlich zeigte sie auf Petrus. Petrus begann zu jubeln: »Siehst du, ich bin klar der Schnellste! Du bist einfach nur eine lahme Schnecke!«

Sjimmie schaute ein bisschen bedeppert drein. Sie fühlte sich wie eine große Verliererin. Zum Glück waren die Zuschauenden schon nach Hause gegangen, sodass kaum jemand ihre Niederlage mitbekommen hatte. Im Stillen fragte sie sich, ob sie eigentlich wirklich verloren hatte.

### Anregende Fragen

- Wer ist die netteste Figur in dieser Geschichte? Warum?
- Sind Sie ein guter Verlierer oder eine gute Verliererin?
- Worin wären Sie gerne der oder die Beste?
- Hätten Sie genauso reagiert wie Petrus, wenn Sie gewonnen hätten?
- Gegen wen würden Sie manchmal gerne gewinnen? Worin würden Sie diese Person gerne besiegen?

### Verständnisfragen

- Warum ist Sjimmie am Tag des Wettkampfes zuversichtlich, dass sie gewinnen wird?
- Warum kommt bei Petrus und Sjimmie innerlich Angst auf?
- Ist Sjimmie wirklich zuversichtlich, dass sie gewinnen wird?

- Warum ist Sjimmie froh, dass niemand ihre Niederlage mitbekommen hat?
- Hat Petrus wirklich gewonnen?
- Warum will Hendrik, der Hase, dass Sjimmie und Petrus einen Wettkampf austragen?
- Wollen Sjimmie und Petrus den Wettbewerb austragen?
- Ist Sjimmie eine schlechte Verliererin?
- Ist Petrus ein guter Gewinner?
- Gibt es in dieser Geschichte überhaupt jemanden, der oder die gewinnt?

### Philosophische Fragen

- Ist es gut, gewinnen zu wollen?
- Hat Verlieren etwas Schönes an sich?
- Hat man auch gewonnen, wenn es niemand sieht?
- Was ist sportliches Verhalten?
- Ist es möglich, jemandem den Appetit zu nehmen?
- Sollte man sich vor anderen nichts anmerken lassen?
- Wann darf man sich selbst als Expertin oder Experten bezeichnen?
- Ist es besser zu verlieren, wenn es niemand mitbekommt?
- Kann man für sich selbst gewinnen?
- Kann man seinen Sieg genießen?

## Kreative Aufgaben

1. Denken Sie sich einen Wettkampf aus, den Sie gerne gewinnen würden. Das kann auch in einer Disziplin sein, in der gar keine Wettkämpfe ausgetragen werden (am längsten den Atem anhalten, auf einem Bein stehen, Fliegen mit bloßen Händen fangen). Schreiben Sie dann die Siegerrede der Person, die diesen Wettkampf gewinnt.
2. Worin werden keine Wettkämpfe ausgetragen, obwohl das schön sein könnte? Schreiben Sie eine Geschichte über einen solchen Wettkampf. Wer nimmt daran teil? Welche Figuren kommen zu diesem Wettkampf? Wie lauten die Spielregeln?

# DER FLIEGENDE TEPPICH, DER DAS ABENTEUER SUCHTE

## KANN MAN ABENTEUER IN SEINEM INNEREN FINDEN?

Das Äffchen und der Fliegende Teppich saßen auf der Spitze einer Pyramide und ruhten sich aus. Das Äffchen knabberte an ein paar Nüsschen, die es gefunden hatte, während sich der Fliegende Teppich vom Staub befreite. Es war noch sehr früh am Morgen, die Sonne ging langsam auf, und die Stadt erwachte.

»Ich will auf Abenteuertour gehen«, sagte der Fliegende Teppich.

»Auf Abenteuertour?«, fragte das Äffchen. »Du bist doch immer auf Abenteuertour, oder etwa nicht? Du kannst doch dahin fliegen, wo auch immer du sein willst!«

»Das ist wahr«, sagte der Fliegende Teppich. »Aber auf die Dauer wird das doch ein bisschen langweilig. Ich bin schon überall hingeflogen. In die Sahara, über den Nordpol, vorbei an Urwäldern und Bergen, durch Indien (wo es ziemlich gestunken hat) und nach Griechenland (wo es leckeres Olivenöl gab) und auch nach Mexiko (mit schönen Tempeln), zu Gletschern, Wasserfällen und Vulkanen, und zu noch viel mehr Orten auf der Welt, eigentlich war ich schon überall.«

»Und jetzt bist du immer noch auf Abenteuer aus?«

»Ja, jetzt will ich wieder ein Abenteuer erleben.«

»Ein Abenteuer zu finden, wenn man schon alles erlebt hat, scheint mir schwierig zu sein.«

»Ja, das ist es auch.«

Einen Moment lang wussten der Fliegende Teppich und das Äffchen nicht, was sie sagten sollten.

Das Äffchen fummelte an seinem Schwanz herum, und der Fliegende Teppich seufzte ein bisschen.

»Bist du schon mal im Inneren gewesen?«, fragte das Äffchen irgendwann.

»Im Inneren?«

»Ja, im Inneren. Auf Abenteuertour im Inneren.«

»Das geht doch nicht, oder? Abenteuer finden doch immer draußen statt. Wo soll ich im Inneren auf Abenteuertour gehen? Im Inneren irgendeines Palasts?«

»Nicht in einem Palast«, antwortete das Äffchen. »In deinem Inneren, in dir selbst.«

Der Fliegende Teppich schwieg und sagte dann: »In mir selbst soll ich nach Abenteuern suchen? Das scheint mir ein bisschen schwierig zu sein. Wie macht man das denn?«

»Man begibt sich irgendwohin und sucht sich dort einen ruhigen Platz. Und dann geht man in sich. Und dort geht man auf Abenteuertour. Man geht auf eine Reise zu allen Dingen in sich selbst – wie Träumen, Gedanken, Erinnerungen, Ideen und Wünschen.«

»Aber was mache ich dann, wenn mir etwas begegnet, das mir nicht gefällt?«, fragte der Fliegende Teppich. »Dann ist das *in* mir und ich kann nicht einfach davonfliegen – zu einer anderen Wüste oder einem anderen Dschungel.«

Der Affe überlegte einen Moment und sagte: »Dann bleibst du dort. Das ist das Abenteuer. Auf Abenteuertour in sich selbst zu gehen, ist vielleicht das Spannendste, was es gibt.«

Mittlerweile war die Sonne aufgegangen und es wurde immer wärmer auf der Pyramide. Das gefällt mir überhaupt nicht, dachte der Fliegende Teppich im Stillen. Auf Abenteuertour in mir selbst gehen. Was lässt sich dort schon erleben?

Er blickte zur Seite auf das Äffchen und überlegte, ob er das laut zu seinem Freund sagen sollte, entschied sich dann aber, es nicht zu tun.

Stattdessen murmelt er: »Ja, das klingt interessant. Das ist vielleicht doch eine gute Idee.«

## Anregende Fragen

- Gehen Sie gerne auf Abenteuertour? Welche Form von Abenteuer suchen Sie dabei?
- Was war Ihr schönstes Abenteuer?
- Welchen besonderen Ort würden Sie gerne noch einmal besuchen?
- Finden Sie es spannend, sich selbst in Augenschein zu nehmen?
- Trauen Sie sich, Ihren Freunden alles zu sagen?

## Verständnisfragen

- Warum fragt das Äffchen, ob der Fliegende Teppich schon einmal im Inneren war?
- Ist der Fliegende Teppich verwöhnt?
- Sind das Äffchen und der Fliegende Teppich Freunde?
- Warum findet es der Fliegende Teppich schwierig, in sich selbst etwas zu begegnen, das ihm nicht gefällt?
- Was will der Fliegende Teppich von dem Äffchen?
- Gibt das Äffchen Ratschläge?
- Übt das Äffchen Kritik am Fliegenden Teppich?
- Entflieht der Fliegende Teppich sich gerne selbst?

- Hat der Fliegende Teppich einen Tunnelblick?
- Was bedeutet es, »in seinem Inneren auf Abenteuertour zu gehen«?

## Philosophische Fragen

- Ist es immer gut, nach innen zu blicken?
- Muss ein Abenteuer spannend sein?
- Wann sind Sie auf ein Abenteuer aus?
- Kann man in seinem Inneren nach Abenteuern suchen?
- Können wir uns selbst entfliehen?
- Wann sollten wir bei uns selbst nach innen blicken?
- Ist es notwendig, sich hin und wieder zu langweilen?
- Muss man in einer Freundschaft alles offen aussprechen?
- Woher weiß man, ob man mit jemandem befreundet ist?
- Warum brauchen manche Menschen Abenteuer?

## Kreative Aufgaben

1. Beschreiben Sie ein Abenteuer des Fliegenden Teppichs. Was erlebt er? Wohin fliegt er? Wen trifft er? Und was macht das alles zu einem »Abenteuer«?
2. Erstellen Sie ein »Rezept für Abenteuer«. Welche Zutaten braucht es? Einen Teelöffel Fernweh? Eine Prise Entdeckungslust? Einen guten Schuss ...?

# DIE LAVENDELFELDER

## MUSS MAN SICH VOR DEM TOD FÜRCHTEN?

Es war einmal eine Frau, die lebte in Frankreich. Oben auf einem Hügel in einem malerischen Dörfchen hatte sie ein kleines Haus. Es war aus verschiedenen Arten von Backsteinen gebaut, was ihm ein seltsames, verspieltes Aussehen gab. Es hatte einen schiefen Schornstein, auf dem eine kleine metallene Eule saß, die sich im Wind drehte, und eine Haustür, die immer angelehnt war. Das Haus war von Lavendelfeldern umgeben, sodass es darin immer nach Lavendel roch. Im Wohnzimmer, in der Küche, zwischen den Bettlaken, sogar in der Toilette – überall roch es nach Lavendel. Selbst die Äpfel von ihrem Apfelbaum dufteten nicht wirklich nach Äpfeln, sondern nach Äpfeln und Lavendel.

Die Frau schrieb. Sie schrieb jeden Tag. Um Punkt zwölf Uhr hörte sie damit auf und machte einen Spaziergang durch die Lavendelfelder, zu dem sie ein Baguette und eine Thermoskanne Tee mitnahm. Montags ging sie auf den Markt und kaufte Baguette, Birnen und Käse; am Freitagnachmittag setzte sie sich in das einzige Café des Dorfes, trank dort ein Glas Rotwein und aß eine Portion Feigen. Die restliche Zeit schrieb sie. Von ihrem Schreibtisch aus blickte sie über das Tal. In der Ferne konnte sie den nächsten Hügel und das nächste Dorf sehen.

Eines Tages klopfte es an der Tür. Sie stand immer einen Spalt offen, sodass die Leute aus dem Dorf einfach hereinkommen konnten. Die Frau wusste also, dass die Person, die nun vor der Tür stand, zum ersten Mal da war. Als sie die Tür weiter öffnete, sah sie einen Mann. Er war schon ein bisschen älter, grauhaarig, und er hatte einen grauen Anzug an. Er trug einen Hut und glänzende Schuhe. Er war weder freundlich noch unfreundlich. Weder groß noch klein, weder dick noch dünn. Der Mann roch nach nichts. Menschen riechen immer nach irgendetwas, aber die Frau konnte bei diesem Mann keinen spezifischen Geruch ausmachen. Er hatte ein Gesicht, an das man sich nie erinnern würde, es sei denn, man machte ein Foto davon. Die Frau beschrieb ihn später in ihren Aufzeichnungen als »ziemlich neutral, mit einem Hauch von Rechtschaffenheit«.

Die Frau wusste jedoch sofort, wer er war. Dieser Mann war bekannt. Selbst Menschen, die ihn noch nie gesehen hatten, wussten von seiner Existenz. Viele ihrer Verwandten hatte er schon besucht, und seine Ankunft war selten eine gute Nachricht. Er wurde gehasst und gefürchtet. Manche waren böse auf ihn, entrüstet über ihn, manche waren auch wütend auf ihn. Andere hatten gesagt, dass sie dankbar für sein Kommen gewesen seien. Manchmal kam er plötzlich, und die Person, die er besuchte, musste sofort mit ihm gehen. Dann wieder kam er lange vorher, um zu sagen, dass es bald so weit sei. Die Frau wusste, dass er einen Spitznamen hatte: Hein. Nun, da sie ihn so sah, dachte sie auch, dass er wie ein typischer Hein aussah. Hein war genau der richtige Name für jemanden mit einem so neutralen Aussehen.

Sie bat den Mann herein und machte ihm eine Tasse Tee. Er nahm seinen Hut ab, setzte sich still auf das Sofa und sah sich im Zimmer um.

Sie fragte, ob er eine gute Reise gehabt habe.

»Geht so«, sagte der Mann. Selbst seine Stimme war ziemlich nichtssagend.

Die Frau setzte sich mit einer Tasse Tee auf den Stuhl gegenüber. Die andere Tasse reichte sie ihrem Gast.

»Heißen Sie wirklich Hein?«, fragte sie. »So nennt man Sie hier im Dorf.«

»Das weiß ich«, sagte der Mann. »Aber so heiße ich nicht wirklich. Oft nennt man mich auch den Mageren Hein. Aber mager bin ich auch nicht wirklich.«

»Wie heißen Sie dann?«, fragte die Frau.

»Ich habe eigentlich gar keinen Namen, glaube ich«, antwortete der Mann. »Ich nenne mich normalerweise nur Hein, weil die Leute das nun einmal gewohnt sind.«

Sie schwiegen eine Zeitlang. Die Frau nahm kleine Schlückchen von ihrem Tee. Die Hitzekringel darauf wurden langsam kleiner und kleiner. Die Frau fragte Hein noch, ob er einen Keks wolle.

»Ich esse nicht«, sagte er.

»Und Sie trinken auch nicht?«, fragte die Frau.

»Nie«, sagte Hein. Die Frau schaute auf den heißen Tee auf dem Tisch; er hatte die Tasse tatsächlich nicht angerührt.

»Ist es schon so weit? Muss ich heute mit Ihnen gehen?«, fragte die Frau.

„Nein, noch nicht«, antwortete Hein.

»Wann dann?«

»Das weiß ich nicht genau. Aber ich sollte auf jeden Fall herkommen, haben sie gesagt.«

»Sie?«, fragte die Frau.

»Ja«, sagte Hein. »Sie da oben. Diejenigen, die entscheiden, wer wann mitgehen muss.«

Die Frau nickte und schwieg. Gemeinsam schauten sie aus dem Fenster auf den blühenden Lavendel.

»Macht es dir Angst, dass ich hier bin?«, fragte Hein. »Hast du mich nicht erwartet?«

Die Frau dachte einen Moment lang nach. »Ich wusste natürlich, dass Sie kommen würden, aber … nein. Ich habe Sie noch nicht erwartet. Jetzt noch nicht.«

»Wann dann?«

»Das weiß ich nicht genau. Ich glaube so etwa in dreißig Jahren. Ich bin noch nicht so alt.«

»Das weiß ich«, antwortete Hein. »Das denken immer alle: dass ich erst in dreißig Jahren komme. Ich komme meistens zu früh und unerwartet. Aber das ist schon merkwürdig. Denn ich komme immer irgendwann. Jeder weiß, dass ich komme, aber trotzdem sind die Leute oft böse oder überrascht, wenn ich dann da bin. Niemand weiß, wann ich komme, aber jeder geht davon aus, dass es noch einige Zeit dauern wird. Das finde ich sonderbar.«

Die Frau nickte und starrte in die Ferne.

»Sie sind anders, als ich gedacht habe«, sagte sie dann nach einer Weile.

»Wieso?«

»Nun einfach, viel weniger …tja … viel weniger …« Die Worte der Frau blieben in der Schwebe.

»Bedrohlich? Dramatisch? Aggressiv? Düster? Schwarz? Glutäugig? Mit jeder Menge Tamtam und Rauch? Mit einem langen schwarzen Umhang? Und einer Sense? Eine Sense habe ich übrigens hinten im Auto liegen, falls es Sie beruhigt.«

Die Frau lächelte. Sie hatte nicht erwartet, dass Hein Sinn für Humor haben würde.

»Ich meine … Sie sind so …«

»Neutral?«

»Ja, neutral.«

Ein schwüler Windstoß trug den Duft von Lavendel ins Zimmer herein. Die Frau sog den Duft ein. »Herrlich«, murmelte sie. »Finden Sie nicht auch?«

»Ich kann nicht riechen«, antwortete Hein. »Wirst du jetzt, wo du weißt, dass ich hier gewesen bin, etwas anders machen?“

Die Frau dachte kurz nach. Die Rädchen in ihrem Kopf drehten sich auf Hochtouren. Würde sie jetzt etwas anders machen? Würde sie diese Fernreise machen? Briefe schreiben? Die eine oder andere *Bucket List* erstellen und abarbeiten? Hatte sie »alles aus dem Leben herausgeholt, was es zu bieten hatte«?

»Jeden Tag so leben, als ob es mein letzter wäre, glaube ich. Aber das ist so ein Klischee«, sagte sie. Und sie nahm noch einen Schluck von ihrem Tee.

Nach einer Weile stand Hein vom Sofa auf.

»Ich gehe dann mal wieder.«

Die Frau nickte und begleitete ihn zur Tür.

Hein setzte seinen Hut auf, ging hinaus und winkte noch kurz.

Die Frau ging langsam zu ihrem Stuhl zurück und blickte auf die Stelle, an der Hein gesessen hatte. Er hatte seine Tasse Tee nicht angerührt. Die Hitzekringel waren verschwunden. Ihr Haus roch immer noch nach Lavendel.

**Anregende Fragen**

- Würden Sie dem Tod gerne begegnen? Was würden Sie ihn fragen?
- Denken Sie über den Tod nach? Auf welche Weise? Was denken Sie dann?

- Würden Sie einiges anders machen, wenn Sie erfahren würden, dass Sie nicht mehr lange zu leben hätten?
- Haben Sie schon einmal über Ihren eigenen Tod nachgedacht? Was haben Sie dabei gedacht oder beschlossen?
- Wenn Sie noch eine Sache auswählen dürften, die sie tun könnten, bevor Sie sterben, was wäre das?

### Verständnisfragen

- Ist Hein der Tod oder etwas anderes?
- Ist Hein nett?
- Hat die Frau Angst vor dem Tod?
- Welche Erwartungen hat die Frau an das Sterben?
- Wer sind „sie da oben"?
- Hat Hein Sinn für Humor?
- Ist Hein neutral?
- Möchte Hein die Frau beruhigen?
- Warum erwartet die Frau nicht, dass Hein jetzt schon kommt?
- Warum sind die Menschen überrascht, wenn Hein kommt?

### Philosophische Fragen

- Sollten wir so leben, als wäre jeder Tag unser letzter?
- Darf man über den Tod lachen?
- Ist der Tod neutral?
- Sollte man den Tod fürchten?
- Ist es schwierig, über den Tod zu sprechen?
- Sollte man einmal im Leben ein Gespräch über das Sterben führen?
- Welche Einstellung zum Tod bietet die meiste Freiheit?
- Hätte das Leben einen Sinn, wenn es den Tod nicht gäbe?

- Ist es gut, im Voraus über den eigenen Tod nachzudenken?
- Gibt es verschiedene Formen des Sterbens?

**Kreative Aufgaben**

1. Überlegen Sie sich, wie die Geschichte weitergeht. Was wird die Frau tun, wenn Hein weg ist? Wie wird ihr nächster Tag, ihre nächste Woche, vielleicht ihr nächstes Jahr aussehen?
2. Können Sie ein »Handbuch für gutes Sterben« erstellen? Gut sterben, wie macht man das? Was ist dazu nötig, und was sollte man besser lassen? Können Sie das Handbuch so schreiben, dass derjenige, der es liest, auch darüber lachen kann?
3. Stellen Sie sich Ihre eigene Beerdigung vor. Können Sie eine Reihe von (amüsanten, bewegenden, heiteren, inspirierenden) Reden von Familienangehörigen und Freunden mit dem folgenden Thema als Ausgangspunkt schreiben: »Was auf meiner Beerdigung auf keinen Fall gesagt werden sollte«?

# DER DACHBODEN VOLLER GERÜMPEL

## WAS MUSS MAN AUFRÄUMEN?

Ihr Kopf ist ein Dachboden voller Gerümpel. Ein großer Dachboden mit dicken Vorhängen vor den Fenstern. Dort ist es staubig. Auf dem Boden, auf den Kisten, überall liegt Staub, auch die Vorhänge hängen voller Staub. Auf ihrem Dachboden hat sich viel angesammelt, und sie hat nur selten aufgeräumt. Kein Wunder also, dass es derart staubig ist. Ihr Dachboden ist vollgestopft mit Gedanken, Ideen, Plänen, Träumen, Fragen und Erinnerungen. Dort liegen und stehen Kartons, Kisten, Dosen, Tonnen, Umschläge, Fässer, Schachteln, Schränke, Fächer, Mappen. In einer der Tonnen befinden sich fast vergessene Erinnerungen. Irgendwo in einer Fotomappe: halb verblasste Fotos von Menschen, an deren Gesicht oder Stimme sie sich manchmal erinnert, an mehr aber auch nicht. Eine dunkelbraune Kiste ist vollgepackt mit unverwirklichten Plänen – es sind eigentlich ziemlich viele, wenn sie ehrlich ist. Überall im Raum schwirren Lieder herum, deren Melodie oder Text sie noch kennt, aber nie beides zugleich.

Es gibt *eine* große Schachtel mit Erinnerungen, in die sie oft hineinschaut. In ihr findet sich dieses eine Mal, als sie alle zusammen im Urlaub waren: Sie durfte sich ein Eis aussuchen und wollte sich auf einen großen hölzernen Pilz, der als Sitzgelegenheit diente, hocken, um es zu schlecken. Dass ihr die Eiskugeln dabei aus der Waffel fielen und sie kein neues Eis bekam, fand sie jammerschade.

In dieser Schachtel befindet sich auch dieses eine Mal, als sie fast den Nachbarjungen geküsst hätte, was sie schon sehr lange tun wollte. Sie dachte, er sei auch in sie verliebt, vielleicht hoffte sie es auch nur. Als sie sich fast geküsst hätten, tat er so, als hätte seine Mutter ihn zum Abendessen gerufen. Sie war sich aber sicher, dass das nicht stimmte. In den Tagen danach rannte er immer schnell weg, wenn er sie sah.

Oder diese eine Mal, als sie ungefähr fünf Jahre alt war und mit ihrem Vater die Ziegen im Park fütterte und sie allen Ziegenböckchen Brot gegeben hatte, außer einem, das sie nicht richtig wahrgenommen hatte. Damals hatte ihr Vater zu ihr gesagt: »Du musst dem Schwarzen auch was geben.« Dabei hatte ihr Vater aber nicht gesehen, dass hinter ihm ein Ehepaar stand und der Herr, der dazugehörte, dunkelhäutig war. Sie hatte erst ihren Vater angeschaut und dann das Stück Brot in ihrer Hand, und dann wieder ihren Vater und noch einmal das Brot. Schließlich war sie auf den Herrn hinter ihrem Vater zugegangen und hatte ihm das Stück Brot gegeben. Worüber der Herr laut lachte und ihr Vater ebenfalls, wenn auch nicht ganz so laut.

Irgendwo hinten auf dem rappelvollen Dachboden in ihrem Kopf steht auch eine riesige Schachtel mit Erinnerungen, von deren Existenz sie zwar weiß, aber nur, weil andere ihr davon erzählt haben, und nicht weil sie sich selbst noch daran erinnern würde. Sie will manchmal hineinschauen, aber jedes Mal, wenn sie auf diese Schachtel zugeht, springt ein alter Hit von WHAM! dazwischen, und auch ein alter Zeichentrickfilm, an dessen Titel sie sich zwar nicht mehr erinnern kann, aber von dem sie noch weiß, wie er endet.

In einer Ecke liegt eine schwere, staubige Decke. Unter ihr erklingt noch das Schlaflied ihrer Oma. Wenn sie sich sehr anstrengt und den Staub wegfegt, kann sie fast das ganze Lied mitsingen.

Unter dem Gerümpel auf dem Dachboden befindet sich auch eine Metallkiste mit der Aufschrift »SCHMERZHAFTE ERINNERUNGEN«. In die schaut sie lieber nicht hinein, aber manchmal springt die Schachtel von selbst auf, und sie muss doch kurz einen Blick darauf werfen.

Es gibt viele Dinge auf dem Dachboden, die eigentlich weg könnten, aber das fällt ihr schwer, denn sie hält so gern an Dingen fest. Denn was wäre, wenn sie den Dachboden entrümpeln und neu einrichten würde und dann nicht mehr wüsste, wer sie ist? Wenn Tageslicht durch die Fenster fiele, wäre alles klar und deutlich zu sehen. Es ist aber nun mal fraglich, ob sie wirklich alles sehen will. Vielleicht sind ein Vorhang und die Dunkelheit doch besser; letztlich ist das auch viel sicherer, wenn sie darüber nachdenkt.

Würde sie den Dachboden entrümpeln, würde sie Platz für brillante Ideen schaffen, für aufregende Pläne und neue Erinnerungen, sie würde wieder Geschichten schreiben können. Sie könnte sich etwas ausdenken, etwas machen und erleben. Sie müsste alles auspacken und es wieder ansehen. Sie würde entdecken, dass viele Dinge in den Kisten anders sind, als sie dachte. Dazu müsste sie zwar alles ehrlich betrachten, aber sie würde viel Platz gewinnen. Doch das traut sie sich einfach nicht.

## Anregende Fragen

- Welche Erinnerungen würden Sie gerne loswerden?
- Betrachten Sie manchmal vertraute Dinge neu?
- Was ist Ihre liebste Erinnerung?
- Finden Sie es spannend, Ihr eigenes Denken zu untersuchen?
- Welches Lied geht Ihnen oft durch den Kopf?

## Verständnisfragen

- Warum traut sich die Frau nicht, ihren rappelvollen Dachboden zu entrümpeln?
- Ist die Frau eine Wichtigtuerin?
- Wovor hat diese Frau Angst?
- Warum »redet« diese Frau unaufhörlich?
- Belügt sich diese Frau selbst?
- Ist sie nostalgisch?
- Warum schaut sie oft in die Schachtel mit den Erinnerungen?
- Warum traut sie sich nicht, ihre Pläne und Ideen gut anzuschauen und umzusetzen?
- Ist die Frau in ihrem eigenen Denken festgefahren?
- Was fehlt dieser Frau?

## Philosophische Fragen

- Wann ist eine Erinnerung schmerzhaft?
- Wann sollte man eine Erinnerung loslassen?
- Welche Pläne verdienen es, umgesetzt zu werden?
- Woher weiß man, ob eine Erinnerung die eigene ist?
- Warum fällt es uns so schwer, das, was uns lieb und teuer ist, loszulassen?
- Wovon muss man sich befreien?
- Welche Dinge sollte man besser bewahren?
- Was bedeutet »loslassen«?
- Sind Erinnerungen echt?
- Sind manche Erinnerungen wertvoller als andere?

## Kreative Aufgaben

1. Beschreiben Sie Ihren eigenen Kopf als Dachboden voller Gerümpel. Was findet sich dort alles? Welche Erinnerungen haben Sie? Welche Liedfetzen sind Ihnen dort im Weg? In welche Ecken trauen Sie sich nicht hineinzuschauen? Welche unfertigen Ideen und Pläne lauern in einer Ecke? Können Sie auch eine Skizze, Collage oder Zeichnung davon anfertigen? Wie sieht dieser vollgestopfte Dachboden konkret aus?
2. Schreiben Sie die Geschichte so um, dass die Frau ihren Dachboden tatsächlich aufräumt. Sie betrachtet die Dinge, bewertet sie, wirft manches weg, beginnt von Neuem. Was passiert dann?

# DER TROUBADOUR UND DER HUFSCHMIED

## IST ES WICHTIG, EIN ZUHAUSE ZU HABEN?

Es war einmal ein Troubadour, der von Stadt zu Stadt zog. Überall sang er Lieder über die Liebe, erzählte Geschichten von spannenden Schlachten und machte Witze über die Politik. Früh am Morgen und zur Nachmittagszeit stand er auf Marktplätzen auf einer Kiste oder einem großen Stein und unterhielt sein Publikum mit Musik und Geschichten. Wenn er fertig war, ging er mit einer Kappe herum, in die die Leute Münzen fallen ließen. Am Abend nahm er sein Geldbeutelchen mit in ein Gasthaus oder eine Taverne in der Stadt und bestellte sich Bier und Fleisch.

Eines Abends setzte sich ein Mann zu ihm. Sie kamen miteinander ins Gespräch. Der Mann war Hufschmied; ganze Tage verbrachte er in gebückter Haltung, um die Hufe von Pferden zu bearbeiten. Er ersetzte zerbrochene Hufeisen, befreite Pferde von falsch eingeschlagenen Hufnägeln und half gestrandeten Reisenden, ihren Weg fortzusetzen, indem er ihre Pferde neu beschlug.

Der Hufschmied und der Troubadour tranken gemeinsam Bier und tauschten Wissenswertes über die Stadt aus. Der Hufschmied fragte, ob der Troubadour viel gereist sei.

»Ja«, sagte der Troubadour. »Eigentlich bin ich ständig auf Reisen. Ich ziehe von Stadt zu Stadt. So habe ich schon viele Orte auf der Welt gesehen.«

Der Hufschmied fragte ihn, was ihm von seinen Reisen am stärksten in Erinnerung geblieben sei.

»Eigentlich nicht besonders viel«, antwortete der Troubadour. »Wir denken oft, dass es an anderen Orten ganz anders zugehen würde oder viel besser wäre als dort, wo wir uns auskennen. Aber wenn ich eine Einsicht gewonnen habe, dann die, dass die Menschen in der Regel mehr Gemeinsamkeiten als Unterschiede haben. Der Markt in der einen Stadt gleicht in vielem dem Markt in der nächsten. Und der Pfarrer in dem einen Dorf predigt mehr oder weniger das Gleiche wie der Pfarrer im anderen. Nachbarn streiten sich (überall) über die gleichen Dinge, Kinder spielen mit ähnlichem Spielzeug, Eselskacke stinkt überall gleich scheußlich. Letztlich wollen die meisten Menschen an den meisten Orten die gleichen Dinge: ein frisch gebackenes Brot, manchmal ein Stück Fleisch, ein Dach, durch das es nicht hineinregnet, und gesunde Kinder.«

»Bist du verheiratet?«, fragte der Hufschmied.

»Nein, wie könnte ich verheiratet sein?«, antwortete der Troubadour. »Ich bin ein Reisender und bleibe nie lange an einem Ort. Morgen ziehe ich schon wieder in die nächste Stadt.«

»Hast du denn kein eigenes Haus?«, fragte der Hufschmied erstaunt.

»Nein. Das brauche ich nicht.«

Der Hufschmied schaute gedankenversunken vor sich hin und dachte über die Worte des Troubadours nach. Er konnte sich das kaum vorstellen.

»Wohin kehrst du denn dann nachher heim?«, fragte er schließlich.

»Nirgendwohin. Ich gehe in das Gasthaus, in dem ich ein Zimmer habe. In jeder Stadt, in die ich komme, gibt es ein Gasthaus, wo es ein Bett und Bier gibt. Das genügt mir.«

Der Hufschmied erzählte von seinem eigenen Haus, von seiner Frau und seinen Kindern. Jeden Tag, nachdem er die Pferde beschlagen und getrimmt hatte, fegte er die alten Hufeisen zusammen, sortierte die Hufnägel, kontrollierte den Ofen und den Amboss, räumte seine Werkzeuge auf, schloss die Tür zu und ging nach Hause. Dort warteten seine Frau und die Kinder mit dem Abendessen. Am nächsten Tag ging er wieder in die Schmiede, heizte den Ofen an, schmiedete Stahl zu Hufeisen und wartete auf die ersten Kunden. So verlief jeder Tag, außer dem Sonntag. Der war sein Ruhetag. Er konnte sich nicht vorstellen, wie es wäre, kein Zuhause zu haben.

Als der Troubadour die Schilderung des Hufschmieds hörte, dachte er bei sich: Nur *ein* Zuhause zu haben, das wäre nichts für mich. Immer am gleichen Ort sein, die gleichen Wege gehen, die gleichen Leute sehen, das Gleiche tun, das Gleiche essen … Das würde meinen Geist langweilen und das Feuer in meinem Herzen zu sehr auf Sparflamme drosseln.

»Wo fühlst du dich denn zu Hause?«, fragte der Hufschmied den Troubadour.

Der Troubadour dachte einen Moment lang nach.

»Überall«, sagte er schließlich. »Und gleichzeitig nirgendwo. Vielleicht ist ›zu Hause‹ einfach ein Ort, den man selbst dazu erklärt.«

Er trank den letzten Schluck von seinem Bier und stellte das Glas mit einem lauten Knall auf die Theke.

Der Hufschmied zog seine buschigen Augenbrauen hoch und nestelte an seinem Daumennagel herum. Seine Hände waren mit Schwielen und kleinen Verbrennungen übersät. Er spürte sie nicht. Er betrachtete die leeren Bierkrüge. »Noch einen?«, fragte er den Troubadour.

»Nein«, sagte der Troubadour. »Ich muss morgen früh raus. Dann bin ich wieder unterwegs. Zu meinem nächsten Zuhause.«

### Anregende Fragen

- Wo fühlen Sie sich am meisten zu Hause?
- Ist es für Sie wichtig, ein Zuhause zu haben?
- Wie sieht Ihr ideales Zuhause aus?
- Haben Sie eher Ähnlichkeit mit dem Hufschmied oder mit dem Troubadour?
- Welche Reise, die Sie unternommen haben, war die schönste?

### Verständnisfragen

- Ist der Troubadour rastlos?
- Welche der beiden Figuren ist die weisere?
- Ist der Hufschmied kurzsichtig?
- Verstehen sich die beiden?
- Was treibt den Troubadour an?
- Warum will der Hufschmied nichts anderes als ein festes Zuhause?
- Ist das Leben des Hufschmieds langweilig?
- Wer von beiden kennt sich selbst am besten?

- Führen der Troubadour und der Hufschmied ein gutes Gespräch?
- Beantwortet der Troubadour die Frage, wo er sich am ehesten zu Hause fühlt?

### Philosophische Fragen

- Woher weiß man, dass man irgendwo zu Hause ist?
- Was bedeutet es, »sich zu Hause fühlen«?
- Wann ist es besser, sein Zuhause zu verlassen?
- Ist es gut zu reisen?
- Ist Regelmäßigkeit wichtig?
- Braucht man ein festes Zuhause, um glücklich zu sein?
- Ist Reisen dasselbe wie viele Orte zu sehen?
- Wann kann man sagen, dass man wirklich lebt?
- Was bedeutet »abenteuerlustig sein«?
- Muss man sich selbst gut kennen, um zu wissen, was man will?

### Kreative Aufgaben

1. Stellen Sie sich Ihr ideales Zuhause vor. Wie sieht es aus? Wo liegt es? In Deutschland oder anderswo? Ist es ein Haus oder eine andere Art von Gebäude?
2. Versetzen Sie sich in die Lage des Troubadours und beschreiben Sie seine Woche. Wo ist er, was unternimmt er, was erlebt er? Würden Sie gerne so leben? Tun Sie danach das Gleiche in Bezug auf den Hufschmied.

# PATZER

## IST ES SCHLIMM, ZU SCHEITERN?

Sein Name war Patzer. Das war wirklich ein seltsamer Name, das fand er selbst auch. Es war nicht einmal ein richtiger Name, sondern nur ein Wort. Seit er das verstanden hatte, dachte er immer, es wäre besser, gewöhnliche Wörter nicht als Namen zu verwenden.

In einem Buch über Wörter und ihre Definitionen hatte er einmal gelesen: »Ein Patzer ist ein dummer, unverantwortlicher Fehler mit gravierenden Folgen für denjenigen, der diesen Fehler begeht. Ein Patzer kann auf das Übersehen von Signalen oder auf die Fehlinterpretation verfügbarer Informationen zurückzuführen sein. Patzer mit weniger schweren Folgen werden auch als *Fauxpas* oder *Schnitzer* bezeichnet.«

Er hätte also genauso gut »Schnitzer« heißen können. Irgendwie war er erleichtert, dass seine Eltern sich für Patzer entschieden hatten.

Schon bei seiner Geburt machte er Fehler: Er kam mit den Füßen zuerst zur Welt. Im Grunde hatte er es schon *vor* seiner Geburt falsch gemacht. Sein Vater hat einmal gesagt, dass er ein Fehltritt sei. Ein willkommener Fehltritt zwar, aber doch ein Fehltritt. Er vermutete, dass seine Eltern ihn eigentlich »Ups« nennen wollten, aber dann doch fanden, dass sich das albern anhören könnte.

So war es also zu »Patzer« gekommen. Diese Namen fanden seine Eltern offenbar akzeptabel. Allein schon wegen seines Namens gingen die anderen davon aus, dass er sehr ungeschickt war. Kaum hörten sie seinen Namen, räumten sie die Porzellantassen vom Tisch. Wollte er etwas trinken, wurde ihm kommentarlos ein Plastikbecher hingestellt. Er durfte nicht mit Feuer spielen, nie beim Gemüseschneiden für das Abendessen helfen, und Leitern waren für ihn verbotenes Terrain.

Und sie hatten recht: Patzer hatte das Scheitern zu einer nahezu alltäglichen Beschäftigung gemacht. Er war der König des Scheiterns. Wenn eine Meisterschaft im Scheitern organisiert worden wäre, hätte Patzer sie mit Sicherheit gewonnen. Er war in nichts anderem wirklich gut, aber im Scheitern war er der Beste. Immer wenn er auf eine Geburtstagsfeier kam und einer Person, die er kannte, zur Begrüßung drei Küsschen geben wollte, begannen beide auf der gleichen Seite. Bei der nächsten Person wollte er es dann zuerst auf der anderen Seite versuchen, aber auch das ging schief und endete mit Zusammenstößen an der Stirn oder den Lippen.

Wenn er etwas Erhabenes und Mitreißendes, etwas von einiger Bedeutung sagen wollte, holte er tief Luft, und dann kam nichts weiter aus ihm heraus als: »Kaffee?« *Einmal* hatte er in einem solchen Moment sogar gerülpst. Immer, wenn er eine bedeutungsvolle Stille voller Verständnis, Liebe und dergleichen entstehen lassen wollte, musste er heftig niesen. Letzte Woche war er abends von einer Party nach Hause gekommen und hatte dann erst entdeckt, dass er den ganzen Abend ein bisschen Spinat zwischen den Zähnen gehabt hatte. Bei einer früheren Gelegenheit hatte ihm den ganzen Tag ein Popel aus der Nase gehangen. Als er auf einer coolen Schulparty einmal einen großen Auftritt hinlegen wollte (bei dem das Mädchen, von dem er Bauchkribbeln bekam, zusah), blieb er mit dem großen Zeh an der Türschwelle hängen und fiel platt auf sein Gesicht.

Straucheln, Stammeln, Stottern, Vorbeizielen, Schiffbruch erleiden, Verfehlen, Versagen, Durchfallen, Vermasseln – was für andere die Ausnahme zu sein schien, gehörte bei ihm zum Standardrepertoire.

Von allem, was er werden konnte, schien ihm daher ein Meister im Versagen noch am besten geeignet. Es machte ihm nichts aus, zu scheitern. Jeder tat das. Er tat es nur öfter und gründlicher, und dessen war er sich bewusst. Er fand es seltsam, dass die meisten Leute, die scheiterten, sich hinterher dafür zu schämen schienen. Er war schon so lange, so oft und so viel gescheitert, dass er sich mittlerweile daran gewöhnt hatte. Wenn er sich genau ansah, was in seinem Umfeld ablief, schien es, als ob die Menschen häufiger scheiterten als erfolgreich waren, auch wenn sie so taten, als verhalte es sich umgekehrt.

Er war nicht gut im Rechnen, im Reden in der Öffentlichkeit, im Maschinenreparieren, Tierezähmen, Kochen, Möbelentwerfen oder in irgendetwas anderem, in dem man gut sein konnte. Er war nur in zwei Dingen gut: Im Scheitern. Und in Selbstironie.

### Anregende Fragen

- Was war Ihr größter Patzer?
- Was bereitet Ihnen Unbehagen?
- Fällt es Ihnen schwer oder ist es Ihnen peinlich, Fehler zu begehen?
- Was ist in sozialen Situationen Ihre größte Angst?
- Worin sind Sie sehr gut?

### Verständnisfragen

- Ist Patzer glücklich?
- Ist Patzers Scheitern eine *Self-fulfilling Prophecy*?
- Haben seine Eltern ihn mit der Wahl dieses Namens misshandelt?
- Ist Patzer ein guter Name?
- Warum macht es Patzer nichts aus, zu scheitern?
- Was ist der größte Patzer in dieser Geschichte?
- Was ist Patzers beste Eigenschaft?
- Ist Patzer ein Fehltritt?
- Warum findet Patzer es seltsam, dass andere sich schämen, wenn sie versagen?
- Kann Patzer etwas dafür, dass er so oft scheitert?

## Philosophische Fragen

- Was bedeutet es, zu versagen?
- Ist es schlimm, zu scheitern?
- Kann man etwas lernen, ohne Fehler zu begehen?
- Wofür sollte man sich schämen?
- Wann ist das, was man sagt, erhaben und mitreißend?
- Woher weiß man, dass man scheitert?
- Wann ist Scham gerechtfertigt?
- Ist Selbstironie unerlässlich für ein entspanntes Leben?
- Sollte man ehrlich sein, wenn man scheitert?
- Worüber darf man nicht lachen?

## Kreative Aufgaben

1. Denken Sie sich eine Figur mit einem gängigen Wort als Namen aus, und schreiben Sie eine Geschichte über sie. Was hat der Name mit der Figur zu tun? Was erlebt diese Figur?
2. Denken Sie an Ihren größten Patzer zurück. Können Sie darüber aus Sicht einer Figur eine Geschichte schreiben?
3. Entwickeln Sie einen Stufenplan für »gutes Scheitern«. Wie macht man das: gut scheitern? Welche Voraussetzungen und Schritte sind dazu nötig?

# TU ME MANQUES

## WOHER WEISS MAN, DASS MAN JEMANDEN VERMISST?

Es war während des Französischunterrichts, dass ihr Herz einen Schlag aussetzte. Sie hatte das Lehrbuch, wie es sich gehörte, ordentlich aufgeschlagen und ihr Smartphone heimlich unter dem Tisch platziert, um Facebook zu checken. An Französisch war sie nicht wirklich interessiert. Sie wollte Künstlerin werden, was nützte ihr da um Himmels willen Französisch? Sie dachte daran, dass ihre Mutter immer sagte, als Künstlerin müsse man unbedingt nach Paris gehen, und dann wäre es doch sehr praktisch, Französisch sprechen zu können. Sie selbst überlegte sich allerdings, sich eine Übersetzungs-App auf ihrem Handy zu installieren, wenn es dazu kommen würde. Das funktionierte schließlich auch.

In den Französischstunden machte sie daher meistens andere Dinge. Sie checkte Facebook, träumte vor sich hin oder zeichnete am Rand ihres Hefts Skizzen von Menschen, die sie in der Straßenbahn gesehen hatte. Der Lehrer, den sie dieses Jahr hatte, war für ihre Konzentration auf den Unterricht auch keine große Hilfe. Er hatte große Schlappohren, war dünn und groß (was für einen Lehrer nie eine gute Kombination ist) und hatte eine monotone Stimme. Selbst wenn es ihm gelang, einen inhaltlich schönen Vortrag über die französische Sprache oder Kultur zu halten, machte seine Stimme doch alles wieder zunichte.

Diesmal scrollte sie gelangweilt durch ihre Facebook-Timeline. Durch Fotos und Nachrichten von ihren Freunden und Freundinnen, die sie schon lange nicht mehr interessant fand. Fotos von Tellern mit Essen, Fotos von Partys, Fotos von neuen Schuhen, ein Foto eines Lieblingspferdes auf einem Reiterhof oder ein Foto eines neuen Freundes. Sie scrollte gedankenlos durch die Fotos und drückte gelegentlich auf den Like-Button. Eigentlich ließ sie das alles ziemlich kalt. Ihre Freundinnen und deren Leben interessierten sie nicht mehr – nicht so wie früher. Es war oft etwas seltsam, wenn sie sich mit ihren Freundinnen verabredete; die wollten sie zwar fragen, wie es ihr ging, taten es dann aber meistens doch nicht oder nur halbherzig. Oft fingen sie nach zwei Sätzen an, doch wieder über sich selbst zu reden. Und wenn mal laut gelacht wurde, schauten einige manchmal verschreckt in ihre Richtung, als ob sie nicht ganz dicht wäre.

Eine Freundin hatte ihr eine große Karte mit einem kleinen Bären geschickt, der einen Herzluftballon hielt. Auf der Vorderseite stand »Viel Kraft«, und auf der Innenseite hatten ihre Freundinnen unterschrieben. Eine andere Freundin hatte sie lange angesehen, sie dann ziemlich linkisch umarmt, und war dann selbst in Tränen ausgebrochen. Am Ende saß *sie* dann da und tröstete ihre Freundin. Eine Tante hatte zu ihr gesagt: »Du wirst es mir jetzt noch nicht glauben, aber du wirst sehen, die Zeit heilt viele Wunden.« Du hast recht, hatte sie bei sich gedacht, ich glaube dir kein Wort.

Sie öffnete gerade Instagram, um zu sehen, ob dort vielleicht etwas Spannendes zu finden war, als sie den Lehrer etwas sagen hörte, das ihre Aufmerksamkeit auf sich zog. Er sagte: »Im Französischen sagt man nicht ›Ich vermisse dich‹. Man sagt: *Tu me manques.* Was sich vielleicht am besten mit ›Du fehlst mir‹ übersetzen lässt.« Dann erklärte er, wie der Satz grammatikalisch aufgebaut war und verglich ihn mit dem deutschen »Ich vermisse dich«.

*Du fehlst mir …* Sie schluckte. Ihr Herz fiel für einen Moment in eine tiefe Schlucht und sprang dann wieder heraus. Sie ließ die Worte auf sich wirken. Manchmal trifft man auf Worte, die genau beschreiben, was man empfindet, und jetzt hatte dieser Langweiler von einem Lehrer ihr genau die richtigen Worte vor die Füße geworfen – und dann auch noch einigermaßen achtlos, wie es schien.

Tu me manques. Du fehlst mir. Das war's. Er, ihr Vater, fehlte ihr. Vor sechs Monaten war er auf seinem Motorrad von einem Auto erfasst worden. Nicht einmal mit hoher Geschwindigkeit, der Fahrer hatte in einer Kurve einfach im falschen Moment in die falsche Richtung geschaut, und das war's. Er war auf der Stelle tot gewesen. Seit diesem Moment fehlte er ihr.

Sie hatte sehr an ihrem Vater gehangen, genau wie ihre Schwester. Als sie klein waren, waren sie oft mit dem Fahrrad zum Spielplatz gefahren, wo sie und ihre Schwester auf Klettergerüsten und Schaukeln herumtollten, während er ein Buch las. Sie hatten ihn oft gebeten mitzuspielen, aber sie konnte sich nicht daran erinnern, ob er das auch tatsächlich getan hatte. Sie glaubte eher nicht; sie erinnerte sich vor allem an viele Spielplätze mit ebenso vielen Bänken, auf denen ihr Vater Stephen-King-Romane gelesen hatte. Das Einzige, wonach er süchtig gewesen war, war italienisches Eis. In einer fremden Stadt oder einem fremden Dorf wurde immer zuerst die italienische Eisdiele besucht; erst danach wurden andere Dinge erledigt. Er hatte eine Standardpredigt über handwerklich hergestelltes italienisches Eis im Gegensatz zu Eis aus industrieller Produktion gehabt; er hatte immer gesagt, dass es doch zu einer guten Erziehung gehöre, traditionell hergestelltes Eis von schwachen Imitationen unterscheiden zu lernen.

Später hatte ihr Vater sie und ihre Schwester mit schläfrigen Augen mitten in der Nacht von Partys mit dem Auto abgeholt. Das war ihm lieber gewesen, als sie mit dem Fahrrad nach Hause fah-

tu me manques

Du fehlst mir

ren zu lassen. Er war nicht immer einfach gewesen; er konnte unberechenbar, geistesabwesend oder launisch sein. Sie hatte manchmal gedacht, dass sie ihren Vater noch nicht ganz kannte, aber dass das sicher noch kommen würde. Wenn sie selbst erwachsen wäre, könnte sie ihn neu kennenlernen, aber dann auf Augenhöhe oder so.

Seit er gestorben war, wusste sie: Wenn jemand nicht mehr da ist, ist er erst wirklich da. Immer, die ganze Zeit. Er war vor allem genau in dem Moment zwischen Schlafen und Wachsein da, in dem Moment, in dem die Welt noch offenstand, und alles möglich war. Sein Verschwinden verband sich immer mit ihrem Aufwachen. Oft hörte sie ihn lachen, gleich um die Ecke, irgendwo, wo sie ihn gerade nicht sehen konnte. In großen Menschenmengen suchte sie unbewusst nach seiner Silhouette. Sein Geruch schwebte oft sacht an ihr vorbei, oder sie dachte es zumindest, doch wenn sie sich erschrocken umdrehte, war er es doch nicht. Sie fand ihn in Büchern, Liedtexten und Gedichten wieder; dort saß er, zwischen den Zeilen. Manchmal sah sie ihn in den freundlichen Augen eines Fremden. Es schien so, als wäre er ein Teil ihres Puzzles, das ordentlich aus dem Ganzen herausgeschnitten worden war. Irgendwie war das nicht einfach, nicht normal, nicht selbstverständlich. Es überraschte sie immer noch. Als wäre es eine Lektion, die sie immer und immer wieder aufs Neue lernen müsste. Es war vielleicht so ähnlich wie nach unten zu schauen und jedes Mal neu festzustellen, dass man ein Bein vermisste: ein wesentlicher Teil von einem selbst, der plötzlich fehlt, von dem man aber immer wieder vergaß, dass er einem fehlte. Eines Tages wird man sich vielleicht daran gewöhnen, dachte sie. Aber ganz sicher war sie sich da nicht.

Sie griff nach ihrem Zeichenstift und begann zu zeichnen. Zunächst skizzierte sie die Hand ihres Vaters mit seinem Ehering und seinem Gesicht, soweit sie es nachzeichnen konnte. Sie zeichnete seine Schuhe, die noch immer unter dem Garderobenständer standen, und den Mantel, den er jahrelang getragen hatte. Oben auf die Seite schrieb sie die für sie nun schönsten französischen Wörter: *Tu me manques.*

## Anregende Fragen

- Wen vermissen Sie am meisten?
- Wie fühlt es sich für Sie an, jemanden zu vermissen?
- Wen oder was würden Sie vermissen wie Zahnweh?
- Was hilft Ihnen, zu trauern?
- Was würden Sie von anderen gerne gefragt (und was nicht), wenn Sie einen geliebten Menschen verlieren würden?

## Verständnisfragen

- Ist das Mädchen eine typische Jugendliche?
- Kannte das Mädchen seinen Vater gut?
- Warum scrollt es durch Facebook?
- War der Vater ein guter Vater?
- Ist „tu me manques" ein guter Ausdruck?
- Sind die Freundinnen gute Freundinnen?
- Hat die Tante recht, wenn sie sagt: »Die Zeit heilt viele Wunden«?
- Warum fertigt das Mädchen Zeichnungen von seinem Vater an?
- Hat es den Tod seines Vaters verarbeitet?
- Warum glaubt es, dass es seinen Vater besser kennenlernen würde, wenn es selbst erwachsen sei?

## Philosophische Fragen

- Kann man sich an ein Gefühl des Verlustes gewöhnen?
- Heilt die Zeit alle Wunden?
- Was ist unumkehrbar?
- Kann man gleichzeitig trauern und lachen?
- Woran merkt man, dass man jemanden vermisst?
- Wann ist man ein guter Freund?
- Was sollte man nicht zu jemandem sagen, der trauert?
- Ist man je fertig mit dem Trauern?
- Ist es gut, seinen Gefühlen manchmal aus dem Weg zu gehen?
- Was macht einen guten Vater aus?

## Kreative Aufgaben

1. Können Sie einen Liedtext (und vielleicht eine Melodie) über das »Vermissen« schreiben?
2. Können Sie einen Brief an jemanden schreiben, den Sie gerne besser kennenlernen würden? Was würden Sie in den Brief hineinlegen?
3. Schreiben Sie diese Geschichte aus der Sicht einer der Freundinnen. Was würde sie denken, fühlen und sagen?

# DER WÄCHTER DER UNGESCHRIEBENEN REGELN

## WOHER WEISS MAN, DASS ES UNGESCHRIEBENE REGELN GIBT?

Die junge Frau kam auf dem Fest an. Es war ein Fest in einem großen Raum mit hohen Fenstern, antiken Kronleuchtern, Kristallgläsern und Häppchen, deren Namen man nicht aussprechen kann. So ein Fest, bei dem die Leute Kleider tragen, in denen man vor allem stehen muss und sich nicht unbedingt setzen sollte. Auch die Einladung hatte schick ausgesehen, mit kursiven Buchstaben und dem Bild eines Schlosses. Anstelle eines Stempels prangte auf der Rückseite ein dunkelrotes Siegel aus Kerzenwachs. Sie hatte sich auf dieses Fest gefreut, und sie war auch ein wenig nervös.

Sie hatte sich ein lila Samtkleid und hochhackige Schuhe mit einem kleinen Steinchen auf der Spitze gekauft. Und sie hatte Ohrringe mit falschen Perlen angesteckt. Die hatte ihre Mutter ihr einmal geschenkt und eigentlich hatte sie nie gewusst, wann sie sie hätte tragen sollen. Bis zum heutigen Abend, bis zu diesem Fest.

Bevor sie die wenigen Stufen zur großen Eingangstür hinaufging, holte sie noch einmal tief Luft. Sie strich sich eine Haarsträhne hinters Ohr, richtete ihr Kleid und stieg die Treppe hinauf. Die große schwere Tür öffnete sich anmutig und genau zur richtigen Zeit.

Auf ihren etwas zu hohen Absätzen schwankend betrat sie das Foyer. Ein Lakai, Diener, Assistent oder Butler, oder wie auch immer man so jemanden nannte, half ihr aus dem Mantel. Alles sehr galant. Er nannte sie »gnädige Frau« und sprach sie mit »Sie« an. Sie fühlte sich viel zu jung, um mit »gnädige Frau« und dem förmlichen »Sie« angesprochen zu werden.

Unbehaglich trippelte sie den Flur entlang zum Festsaal. Sie betrachtete die Kunstwerke an der Wand, die komplizierten Frisuren der Damen und die Platzkärtchen auf der langen Tafel. Ein Ober oder Kellner, oder wie man so jemanden nannte, kam mit einem Tablett voller Champagnergläser vorbei. In jedem Glas tanzte eine Weintraube auf dem Boden. Oder eine Olive, das konnte sie nicht richtig erkennen.

Sie nahm sich ein Glas und trank ein paar große Schlucke daraus. Wegen der Kohlensäure musste sie rülpsen.

»Das ist nicht angebracht«, sagte eine Stimme leise. Sie drehte sich um und sah in die blauesten Augen, die sie je gesehen hatte. Es war ein junger Mann in einem eleganten Anzug. Ein Diener oder ein Ober, oder wie man so jemanden nannte.

»Wie meinst du?«, fragte sie.

»Rülpsen. Das ist hier nicht angebracht.«

»Warum nicht?«, fragte sie.

»Das ist nun einmal so«, antwortete er.

»Woher soll ich denn wissen, was hier angebracht ist und was nicht?«

»Das sind die Regeln.«

»Welche Regeln? Und wo kann ich die finden?«, fragte sie.

»Nirgends. Es sind ungeschriebene Regeln.«

»Ungeschriebene Regeln? Wie kann etwas eine Regel sein, wenn sie ungeschrieben ist?«

»Das ist einfach so. Ungeschriebene Regeln sind wichtig. Sie sorgen für Sitte und Anstand.«

»Anstand und … was?«

»Anstand und Sitte. Ungeschriebene Regeln sorgen dafür, dass man zur rechten Zeit die richtige Hand schüttelt. Dass die Worte mit Bedacht gewählt werden. Dass beim Eintreten in der korrekten Reihenfolge erst der eine und dann der andere begrüßt wird. Dass man im passenden Moment aufsteht und sich wieder hinsetzt, wenn *das* passend ist.«

»Aber ...« Sie wollte etwas sagen, aber Herr Ungeschriebene Regel fuhr unbeirrt fort.

»Dass man nach reiflicher Überlegung das richtige Kleid oder die richtige Krawatte aus dem Schrank holt, dass niemand zu spät kommt, wenn das nicht erwünscht ist, und dass man *fashionably late* kommt, wenn das erwünscht ist. Dass sonntags kein Rasenmäher brummt, samstags aber schon, und dass sich die dafür vorgesehene Person an den ihr zugewiesenen Platz am Tisch setzt und nirgendwohin sonst. Ungeschriebene Regeln sind wichtig. Sie sorgen für Ordnung und Klarheit und verhindern Peinlichkeiten und Unannehmlichkeiten«, sagte der Ober, oder wie man so jemanden nennt.

Eine kurze Weile herrschte Stille. Die junge Frau schaute verzweifelt auf ihr Glas. Sie wollte es eigentlich in einem Zug leeren, traute sich nun aber nicht mehr.

In der Nähe zog jemand an der Tafel einen Stuhl zurück. Der Ungeschriebene-Regel-Ober eilte herbei, um zu überprüfen, ob es sich um die richtige Person am richtigen Platz handelte.

Ohne wirklich etwas zu sehen, starrte sie den geschäftigen, aber beherrschten Kellner an und fragte sich: Wenn ungeschriebene Regeln so wichtig sind, warum bleiben sie dann ungeschrieben?

Sie schaute sich einen Moment lang nervös um, dann kippte sie den Inhalt ihres Glases in einem Rutsch hinunter. Anschließend kaute sie auf dem olivenartigen Ding herum, das am Boden ihres Glases gelegen hatte. Es war eine Weintraube.

## Anregende Fragen

- Gibt es in Ihrer Familie oder in Ihrem Haushalt ungeschriebene Regeln? Welche?
- Was halten Sie von ungeschriebenen Regeln?
- Sind Sie selbst »jemand, der Regeln befolgt«, oder eher jemand, der gegen Regeln rebelliert?
- Welche Regeln sollten Standard sein?
- Welche Regeln finden Sie gut? Und welche schlecht?

## Verständnisfragen

- Warum findet der Ober ungeschriebene Regeln wichtig?
- Ist die junge Frau naiv?
- Warum sind alle adrett gekleidet?
- Hat der Ober recht, wenn er sagt, dass ungeschriebene Regeln wichtig sind?
- Warum traut sich die junge Frau nicht mehr, ihr Glas in einem Zug zu leeren?
- Warum ist die junge Frau nervös?
- Ist der Kellner arrogant?
- Warum schaut sich die Frau nervös um, bevor sie ihr Glas doch in einem Zug leert?
- Hat der Ober gute Argumente für die Bedeutsamkeit ungeschriebener Regeln?
- Was hält die junge Frau von ungeschriebenen Regeln?

## Philosophische Fragen

- Gibt es ungeschriebene Regeln?
- Welche Regeln muss man nicht befolgen?

- Wann ist man alt genug, um »gnädige Frau« genannt und mit »Sie« angesprochen zu werden?
- Wann ist eine Regel wichtig?
- Woher weiß man, dass es ungeschriebene Regeln gibt?
- Muss man sich schämen, wenn man eine ungeschriebene Regel bricht?
- Welche Regeln sind überflüssig?
- Welche Regel sollte man immer befolgen?
- Was ist der Unterschied zwischen Regeln und Gesetzen?
- Wann wird eine Gewohnheit zu einer ungeschriebenen Regel?

**Kreative Aufgaben**

1. Denken Sie sich eine ungeschriebene Regel aus. Denken Sie sich dann eine Situation aus, in der diese Regel gilt. Schreiben Sie anschließend eine Kurzgeschichte, in der diese ungeschriebene Regel gebrochen wird.
2. Stellen Sie sich vor, »Ungeschriebene Regel« sei eine Figur. Könnten Sie dann einen Monolog für diese Figur schreiben?
3. Denken Sie sich ein gesellschaftliches Ereignis aus, bei dem bestimmte Regeln gelten, z. B. ein Besuch bei einer Königin, einem König oder ein Staatsbankett im Mittelalter. Schreiben Sie dann einen Verhaltenskodex für diese Veranstaltung. Wie sieht der aus?

## DIE LETZTE GESCHICHTE

### WOHER WEISS MAN, DASS ETWAS »FERTIG« IST?

Die Schriftstellerin blätterte noch einmal ihr Manuskript durch. Irgendwann ist so ein Buch so wahnsinnig endgültig, dachte sie. Obwohl sie ihrem Gefühl nach noch gar nicht alles geschrieben hatte, was in ihr war. Es gab immer noch Figuren, Buchstaben, Wörter, Sätze und Geschichten, die darauf drängten, aus ihrem Kopf aufs Papier zu purzeln. Wann hört das auf, fragte sie sich. Woher weiß ich, ob ich mit diesem Buch fertig bin? Ob es vollendet, rund, endgültig, unveränderlich ist. Wann setze ich einen letzten Punkt?

So etwas wie einen »letzten Punkt« habe ich noch nie sehen können, dachte sie. Ihr ganzes Leben lang hatte sie noch nie einen definitiven Punkt gesetzt. Sie war eher der Typ für ein Komma oder höchstens für ein Semikolon. In ihrem Kopf war selten etwas definitiv, fertig, rund oder sicher. Ideen, Gedanken und Fragen änderten ständig ein wenig ihre Farbe und ihren Geschmack. Wie sollte sie dann ein Buch schreiben können, das »fertig« war? Obwohl das normalerweise die Form eines Buches war: Seiten mit einem Einband drum herum. Fertig. Definitiv. Punkt.

Vielleicht ist ein Buch oder irgendein anderes Werk nie fertig – trotz der endgültigen Form, in der es sich scheinbar präsentiert, dachte sie bei sich. Würde Van Gogh heute noch leben, würde er vielleicht nur zu gern einen Pinsel und eine Tube Farbe zur Hand nehmen und ein kleines Detail an seinen *Sonnenblumen* ändern. Oder die Sonnenblumen überhaupt in den Müll werfen. Wer weiß? Vielleicht würde Bach seine eigenen Cellosuiten hören und genau diese eine Note durch eine andere ersetzen wollen. Wer weiß, vielleicht würde Nietzsche seine Ansichten und Schriften noch einmal überarbeiten wollen, wenn er noch etwas dazu sagen könnte. Vielleicht ist etwas nie fertig, und das ist auch gut so. Womöglich ist diese ganze Vorstellung von »fertig, vollendet, rund, Punkt« etwas, das wir Menschen uns selbst auferlegen. Alles in der Natur verändert sich, ist es dann nicht merkwürdig, etwas schaffen zu wollen, das unveränderlich ist?

Und doch war das genau das, was sie tun musste. Irgendwann muss ein Werk in die Welt hinaus, wenn man es mit anderen teilen will.

Die Alternative – ewig an einem Buch herumzubasteln, das andere nie zu Gesicht bekommen würden – schien ihr auch keine Option zu sein. Sie beschloss, das Buch wie ihr eigenes Denken zu betrachten: als etwas mit einer vorläufigen Form. Das ist mein Buch. Jetzt. In diesem Moment ist es das Buch. Es scheint eine definitive Form zu haben, aber die hat es vielleicht nicht.

Vielleicht, so dachte sie, setzt die Form eines Buches bei dem, der es liest, etwas in Bewegung, und *darin* liegt die Veränderbarkeit, die Entwicklung.

Vielleicht lag es nicht an ihr, sich um die Unveränderlichkeit ihres Werkes zu sorgen. Vielleicht war das nun die Sache der anderen, der Leserinnen und Leser. Sie hoffte und wünschte sich, dass die Leserinnen und Leser, genau wie sie selbst, von den Geschichten gepackt würden. Sie dachte auch, dass es gute Fragen eigentlich in Hülle und Fülle gäbe. Dass es bei jedem Ereignis, ob groß oder klein, spektakulär oder unscheinbar, wunderschöne Fragen gäbe. Dass man sich darüber ärgern könnte, wenn man an der Super-

marktkasse von einem hektischen Typen zur Seite gedrängt wird (»Ich geh mal kurz vor, ich habe es eilig«), dass man aber auch Fragen stellen könnte: Wann ist Ärger gerechtfertigt? Was bedeutet, »es eilig zu haben«? Dass man philosophische Fragen über etwas so Einfaches wie die verzweifelte Suche nach einem verlorenen Hausschlüssel stellen könnte (»Wonach muss man beständig auf der Suche sein?«, »Was darf man nie aus den Augen verlieren?«, »Was sollte man besser loswerden?«). Dass jedes Ereignis, jede Situation oder jeder Frust, egal wie groß oder klein, zu wunderbaren Fragen führen könnte, die dazu in der Lage sind, das eigene Denken und vielleicht auch Handeln in Bewegung zu setzen. Sie hoffte, dass die Leserinnen und Leser Geschmack daran fänden und *selbst* Lust bekämen, sich Fragen auszudenken. Und diese dann spielerisch, frei und freudig erkunden würden.

Sie blätterte durch die Seiten, betrachtete einen Moment lang die Worte und Sätze, die sie mittlerweile so gut kannte. Sie stellte sich vor, wie eine Leserin oder ein Leser bald dieselben Worte betrachten, überdenken und untersuchen würde. Eine kleine Eintagsfliege landete auf ihrer Schulter. Sie erkannte sie. »Mach schon«, hörte sie sie sagen, »setz jetzt einen Schlusspunkt. Vielleicht sind die Dinge nie fertig und man lebt als Semikolon, aber ein Buch muss nun einmal irgendwann eine definitive Form haben.« Sie lächelte und hörte auf zu blättern.

## Anregende Fragen

..............................................................................................

..............................................................................................

..............................................................................................

..............................................................................................

..............................................................................................

## Verständnisfragen

..............................................................................................

..............................................................................................

..............................................................................................

..............................................................................................

..............................................................................................

## Philosophische Fragen

..............................................................................................

..............................................................................................

..............................................................................................

..............................................................................................

..............................................................................................

## Kreative Aufgabe

Schreiben
Sie
Ihre
eigene
Geschichte.

# NACHWORT

»Und wenn sie nicht gestorben sind, ...«

Das Ende fast aller Märchen

Vor etwa drei Jahren, als ich gerade an meinem Buch *Sokrates in Sneakern* schrieb, tippte plötzlich eine Figur auf meine Tastatur. Es war Henry, der Papagei. Er war ziemlich eingenommen von seinem schönen Federkleid und ein bisschen eitel. *Und* er erwies sich als hartnäckig. Zuerst scheuchte ich ihn weg, schließlich schrieb ich gerade an einem anderen Buch. Doch Henry kam zurück. Er wollte mich offensichtlich etwas über Schönheit und Eitelkeit lehren. Ich schrieb seine Geschichte vor allem deshalb auf, weil ich das Gefühl hatte, keine andere Wahl zu haben. Denn solange sich Henry in meinem Kopf herumtrieb, kam ich mit *Sokrates in Sneakern* nicht weiter.

Schon bald darauf tröpfelte noch eine weitere Geschichte durch meine Finger und die Tastatur auf meinen Bildschirm: Toby, die Eintagsfliege, wollte mir offenbar nahebringen, wie wichtig es ist, sorgfältig zu entscheiden, womit man seine Zeit verbringt. Dann erschienen Sjimmie, die Schnecke, und Petrus, die Schildkröte. Ihre Geschichte wollte mich etwas über das Gewinnen und Verlieren lehren. Immer mehr Geschichten tauchten auf, und es machte mir zunehmend Spaß, sie aufzuschreiben. Jedes Mal, wenn ich über ein

Thema nachdachte, das ich interessant fand, bot sich eine neue Geschichte an. Oft schienen sich die Geschichten selbst zu schreiben; ich musste sie nur noch eintippen. Die Figuren und ihre Geschichten brachten mich häufig zum Nachdenken.

Ich hoffe, dass dieses Buch das auch für Sie leistet: dass es Ihr Denken anregt, schärft und herausfordert, dass es Ihnen hilft, Ihre eigenen Antworten, Ideen und neuen Fragen zu finden. Im Wissen darüber, wer man ist, was man will und wofür man steht, findet man oft die Antwort auf eine Frage. Mit diesem Buch möchte ich Ihnen dazu gerne einen gut gemeinten Schubs dahin geben.

Noch immer bieten sich mir Geschichten an, und auch diese schreibe ich weiterhin auf. Auf meinem Laptop habe ich noch eine Reihe halb fertiger Texte, die es nicht in dieses Buch geschafft haben. Was die Form angeht, ist ein Buch etwas ziemlich Feststehendes und Endgültiges, im Kopf seiner Autorin ist es das vielleicht viel weniger. Ich sehe dieses Buch daher nicht als etwas Feststehendes, Unveränderliches, sondern als eine der vielen Formen, in denen man Geschichten veröffentlichen könnte. Auch wenn das eigene Buch zwei Deckel und eine Danksagung hat, heißt das noch lange nicht, dass das Denken darüber und das Schreiben daran automatisch aufhören. Aus diesem Grund habe ich im Internet einen Platz für zukünftige Geschichten eingerichtet. Weitere Geschichten, Gedichte und sonstige Texte finden Sie unter: www.denksmederij.nl/en-ze-filosofeerden-nog-lang-en-gelukkig.html.

Dort gibt es einige Geschichten, die es nicht in dieses Buch geschafft haben. Andere Geschichten, die hier in Prosa vorliegen, waren vielleicht einmal Gedichte oder Monologe von Theaterfiguren. Diese Versionen finden Sie ebenfalls auf der Website.

fertig

# DANK

Ein Buch schreibt man nicht allein, auch dieses Buch nicht. Dank der Denkkraft vieler anderer ist *Geschichten, die das Denken herausfordern* ein besseres und reicheres Buch geworden. Zuallererst möchte ich mich bei meinem Verlag Ambo | Anthos und meinem Lektor Laurens bedanken: Danke, dass ihr bereit wart, euch mit mir auf dieses Abenteuer einzulassen. Mein Dank gilt auch Floor von der Agentur Sebes en Bisseling für ihre Ermutigung und dafür, dass sie mich immer wieder daran erinnert hat, wie wichtig dieses Buch ist, auch wenn ich selbst kurzzeitig Gefahr lief, das zu vergessen. Ich möchte mich auch bei Barbara van den Berg sehr für die herrlichen Illustrationen bedanken, die sie für dieses Buch gezeichnet hat. Was für eine bereichernde und wunderbare Übertragung der Figuren und ihrer Geschichten.

Marloes Lodder möchte ich für den niederländischen Titel *En ze filosofeerden nog lang en gelukkig* danken. Nach einem Aufruf auf LinkedIn stellte sie dort ihre schöne Inspiration ein; und siehe da, was die sozialen Medien bewirken können. Marloes, vielen Dank!

Ben Kuiken und Fabien van der Ham: Danke, dass ihr eure Sichtweise auf das Philosophieren in Organisationen und im Bildungssektor mit mir geteilt habt. Dank eures Beitrags hat dieses Buch eine breitere Perspektive gewonnen.

Paulien Hilbrink, Glenn Vergoossen, Saakje Bakker, Ruben Klerkx, Alexa Kuit und Hans Vonk waren die ersten Leser meiner Texte zu diesem Buch. Ich möchte ihnen allen sehr für ihr ausführliches, ehrliches Feedback und ihre Ermutigung danken. Dank euch ist dies ein besseres Buch geworden, als ich es allein je hätte schreiben können.

Sigrid van Iersel möchte ich für das kritische Lesen des Buchmanuskripts und für ihren Vorschlag danken, das Buch um kreative Aufgaben zu ergänzen. Ich danke dir sehr für diese Bereicherung.

Linda van Denderen und Ariane van Heijningen danke ich als Trainerinnen meines Unternehmens De Denksmederij. Durch euch erreicht die praktische Philosophie noch mehr Menschen, und auch ich werde von euch als Mensch, praktische Philosophin und Unternehmerin herausgefordert. Danke für euren Enthusiasmus, eure Inspiration, eure Präzisierungen und euer Engagement.

Oscar Brenifier danke ich für alle seine Lektionen, seine Inspiration und für eine Reihe ähnlich angelegter Bücher mit Geschichten und Denkfragen. Mein Denken hat sich durch seine intensive Denkausbildung sehr verbessert. Dafür ein dickes Merci!

Ich danke auch allen, die mir ihre Gedanken, Ermutigungen und kritischen Fragen mitgeteilt haben, als ich in den sozialen Medien und in meinem Newsletter über meinen Schreibprozess berichtet habe. Du weißt es vielleicht nicht, aber du hast mich inspiriert! Ein besonderes Dankeschön geht an alle, die ihre Gedanken zur Frage »Welche Berufe sind notwendig?« mit mir geteilt haben. Die Geschichte dazu findet sich nicht in diesem Buch, aber ich werde sicher einiges davon auf www.denksmederij.nl/en-ze-filosofeerden-nog-lang-en-gelukkig.html/ veröffentlichen.

Meinen Eltern und meiner Oma möchte ich für eine Kindheit voller Geschichten, Märchen und Ausflüge in den Märchenpark danken. Sie haben mich zu der Märchenliebhaberin gemacht, die ich heute bin.

Danken möchte ich auch meinem geliebten Matthijs, dem ich so manche Geschichte in der ersten Fassung vorgelesen habe, und der mich ermutigte, mitdachte und kritisierte, der sich philosophische Fragen ausdachte und mir Halt und Stütze war – und ist.

Und schließlich ein Dankeschön an Sie, liebe Leserin, lieber Leser, für das Lesen dieses Buches. Ich glaube wirklich, dass die Welt zu einem besseren Ort wird, wenn wir kritischer, kreativer und schärfer denken. Dieses Buch ist ein kleiner Beitrag dazu, und auch Sie tragen dazu bei, indem Sie Ihr eigenes Denken mit diesem Buch untersuchen.

Ich danke Ihnen!

# DIE GESCHICHTEN UND IHRE THEMEN

**Der Papagei und der Pfau:**
Schönheit, Eitelkeit, Vergleichen, Wichtigtuerei

**Streit im Palast:**
Ehe, Liebe, Beziehungen, Streit

**Wo die Stille ist:**
Stille, Selbstreflexion, Staunen

**#MärchenfigurenProtest:**
Rebellion, Wut, Unfairness

**Das Depot der vergessenen Wörter:**
Sprache, wundersame Wörter

**Toby, die Eintagsfliege:**
Zeit, Entscheiden, Autonomie

**Trostwissen:**
Wissen, Zweifeln, Verschleiern

**Der alte Mann auf dem Stein:**
Besitz

**Die Schnecke, die Schildkröte und der Wettkampf:**
Wettbewerb, Gewinnen und Verlieren

**Der Fliegende Teppich, der das Abenteuer suchte:**
Abenteuer, Selbstreflexion, Freundschaft

**Die Lavendelfelder:**
Tod, Sterben, Zeit, Entscheiden

**Der Dachboden voller Gerümpel:**
Aufräumen, Entwicklung, Selbstreflexion

**Der Troubadour und der Hufschmied:**
Reisen, Ein Zuhause haben

**Patzer:**
Versagen, Fehler machen, Selbstironie

**Tu me manques:**
Familie, Tod, Trauer, Vermissen

**Der Wächter der ungeschriebenen Regeln:**
Soziale Erwartungen, Ungeschriebene Regeln

**Die letzte Geschichte:**
Mit etwas aufhören, etwas fertigstellen, etwas beenden

# MEHR LESEN?

In der Welt der praktischen Philosophie sind schon zahllose Gesprächsmethoden entwickelt worden. Die verschiedenen Methoden überschneiden sich manchmal, und was die Sichtweise und die praktische Umsetzung angeht, lassen sich durchaus Unterschiede erkennen. Ich selbst habe unter anderem eine praktische Ausbildung in kritischem Denken (am Institut de Pratiques Philosophiques) absolviert und auch verschiedene Fortbildungen und Kurse zur sokratischen Methode besucht.

Viele der Tipps und Grundsätze in diesem Buch finden sich unter anderem in diesen Methoden wieder.

Weitere Methoden, in die Sie sich vertiefen können, wenn Sie sich dafür interessieren, sind die CoPI-Methode (Catherine McCall), Matthew Lipmans Philosophieren mit Kindern, das Glasperlenspiel (Kralenspel) von Jos Kessels und natürlich noch viele andere mehr. Im Folgenden finden Sie einige Lesetipps, die Ihnen einstweilen auf Ihrem Weg weiterhelfen können.

## Bücher

*Trost der Philosophie*, Alain de Botton
*Handbüchlein der Moral*, Epiktet
*Kleine Schule des Lebens*, Lammert Kamphuis
*Die Weisheit der Stoiker*, Massimo Pigliucci

Und natürlich mein eigenes Buch *Sokrates in Sneakern* über die Kunst des Fragenstellens und über philosophische Fähigkeiten in Alltagsgesprächen.

## Internet-Lese- und Stöbertipps

Unter www.pratiques-philosophiques.fr/en/free-books/ des Institut de Pratiques Philosophiques finden Sie (englischsprachige) Artikel und Bücher mit Übungen zum Philosophieren mit Kindern und weitere Bücher mit Geschichten und vertiefenden Fragen, die Ihr Denken schärfen.

Und natürlich unsere eigene Website: www.denksmederij.nl.
Dort finden Sie allerlei Lesestoff zur praktischen Philosophie und kreativem Denken sowie unsere Trainings und Workshops. Wenn Sie neugierig sind, was wir sonst noch machen, entwickeln, erfinden und ausprobieren, abonnieren Sie am besten unseren Newsletter (www.denksmederij.nl/aanmelden-nieuwsbrief.html).

# QUELLEN

## Teil I: Warum Geschichten dein Denken herausfordern (und wie)

Daan Roovers über Philosophie: https://www.uva.nl/over-de-uva/over-de universiteit/meet-the-uva/daan-roovers/daan-roovers.html?cb

Lammert Kamphuis über perspektivische Gelenkigkeit: https://www.theschooloflife.com/amsterdam/blog/undefined/

Lammert Kamphuis: *Kleine Schule des Lebens. Philosophie für jede Gelegenheit*, Aufbau Verlag 2020, S. 11

## Teil II: Die Geschichten

### Das Depot der vergessenen Wörter

https://www.hpdetijd.nl/2014-12-01/dertig-verdwenen-woorden-die-we-weer-zouden-moeten-gebruikendertig-verdwenen-woorden-die-we-eigenlijk-weer-zouden-moeten-gaan-gebruiken/

https://miels.nl/persoonlijk/teksten/scheldwoorden/ https://grootdictee.ntr.nl/category/moeilijke-woorden/

**Patzer**

https://nl.wikipedia.org/wiki/Blunder#:~:text=Een%20blunder%20is%20een%20domme,wat%20betekent%20de%20ogen%20sluiten

**Tu me manques**

Basiert auf: https://www.elephantjournal.com/2015/06/i-am-empty-of-you/

## Und auch:

**Filme und Serien**

*Die Schöne und das Biest*, Disney 1991/2017
*Aladdin*, Disney 1992, 1994/1995
*Pocahontas*, Disney 1995
*Mary Poppins*, Disney 1964
*Cinderella*, Disney 1950

**Bücher**

*Het Beste Sprookjesboek, 75 sprookjes en volksverhalen*, Readers Digest, 1969
Jacob und Wilhelm Grimm: *Grimms Märchen und Sagen*, erstmals erschienen 1812/1815, Ausgabe von Anaconda 2021, Geschichten: »Rumpelstilzchen« und »Sneewittchen«
Johann Wolfgang von Goethe: Goethes Sämtliche Werke. Band 41. Maximen und Reflexionen, herausgegeben von Curt Noch, Propyläen-Verlag, 1829, S. 395

**Theaterstücke**

Ludwig Tiek: *Der gestiefelte Kater, ein Kindermärchen in drey Akten mit Zwischenspiel, einem Prologe und Epiloge*, C.A. Nicolai 1797